Thomas Brandt, Dirk Herrmann, Bernhard Volmer, Thomas Beuster:
Naturerlebnis Steinhuder Meer/Thomas Brandt; Dirk Herrmann,
Bernhard Volmer, Thomas Beuster
Hannover: Landbuch Verlag 2002
ISBN 3 7842 0624 7

Postfach 160, 30001 Hannover
Kabelkamp 6, 30179 Hannover
Tel.: 05 11/2 70 46-0
Fax: 05 11/2 70 46 - 2 20
E-Mail: buch@landbuch.de
http://www.landbuch.de

Vogelbiotop am Westufer.

Bildnachweis:
Alle Bilder außer den hier aufgeführten wurden von Bernhard Volmer aufgenommen.
Thomas Beuster: 26, 76, 131 u., 139
Thomas Brandt: 16, 23, 27, 31, 33, 36, 39 u., 43 u., 45 u., 48, 55 o., 56 o., 56 u., 61 u., 65, 69 o., 70, 71 u., 78, 80 o., 80 u., 82 o., 93, 103, 119, 127 o., 127 u., 128, 130, 131 o., 131 M., 132 o., 134 u., 135 o., 135 u., 136 o., 136 u., 138, 143, 146, 151, 153
Dirk Herrmann: 125
Fotos auf der Titelseite:
Links oben: Lachmöwe; rechts oben: Blick auf das Steinhuder Meer; rechts, zweites von oben: das scheidige Wollgras; links unten: Steinhude (alle Fotos von Bernhard Volmer)
Übersichtskarte vorn: Tobias Siebert.
Übersichtskarte S. 154/155: Kartengrundlage: Topografische Karte 1:50 000, Blattnummer L3520 (2000), L3522 (1996), herausgegeben von der LGN - Landesvermessung und Geobasisinformation Niedersachsen. Vervielfältigt mit der Erlaubnis der LGN - Landesvermessung und Geobasisinformation Niedersachsen.

Objektleitung: Eva Maria Maas, Hannover
Titelgestaltung, Grafik und Layout: Andrea Tschiersch, Hannover
Gesamtherstellung: Landbuch Verlag Hannover

ISBN 3 7842 0624 7

Naturerlebnis Steinhuder Meer

Ein Reise- und Freizeitführer

Landbuch
Verlag Hannover

Inhalt

ab Seite 10

ab Seite 19

ab Seite 37

ab Seite 52

ab Seite 75

ab Seite 95

ab Seite 116

ab Seite 127

Vorwort

Die Wünsche der Menschen, ...

... wo und wie sie ihre freie Zeit verbringen, sind sehr verschieden. Viele führt es an den Wochenenden und im Urlaub in die Natur. Vom Alltag abschalten, Tiere und Pflanzen beobachten, die Natur erleben und es sich einfach gut gehen lassen - das Verlangen danach ist groß.

Eines der wichtigsten Reiseziele in Norddeutschland, ob für den Wochenendausflügler oder den Urlaubsgast, ist seit je her das Steinhuder Meer. Eingebettet in Moore, Wälder, Wiesen und mitten im Naturpark Steinhuder Meer bietet es die besten Voraussetzungen für Erholung im Einklang mit der Natur. Auf den ersten Blick scheint es schwierig zu sein, abseits des Tagestourismus, den Weg in die Natur zu finden.

Mit diesem Naturreiseführer möchten wir die Spur zu einem „Naturerlebnis Steinhuder Meer" legen, dorthin, wo der Erholungssuchende die Natur am See und in seiner Umgebung erleben kann, ohne selbst zu stören. Wir möchten den Blick auf die Kleinode am Wegesrand lenken, aber auch die Lebensräume in ihrer ganzen Schönheit und Faszination beschreiben und erlebbar machen. Gleichzeitig wollen wir Interesse wecken und Sensibilität für ein empfindliches Ökosystem schaffen.

Der Schwerpunkt dieses Reise- und Freizeitführers liegt somit darin, die Besucher am Steinhuder Meer für die Natur zu begeistern. Gleichwohl weisen wir auch auf die wichtigsten Sehenswürdigkeiten der Dörfer und Städte hin. Den Einheimischen soll dieses Buch als heimatkundliches Nachschlagewerk dienen. Eine kleine Sammlung der wichtigsten Adressen am Ende dieses Buches dient als praktisches Nachschlagewerk und erleichtert die Planung und Gestaltung des Besuchs an Niedersachsens größtem See.

Wir haben weitgehend darauf verzichtet, lange, festgelegte Touren vorzuschlagen, denn dies geht allzu oft an den individuellen Bedürfnissen der Leser vorbei. Stattdessen stellen wir vor allem die unterschiedlichen Lebensräume und ihre Bewohner, vom Buschwindröschen bis zum Seeadler, und die besten Beobachtungsmöglichkeiten zu den unterschiedlichen Jahreszeiten vor. Diese finden Sie in jedem Kapitel unter „Im Gebiet unterwegs". In diesem Rahmen kommen die selbstgestalterischen Möglichkeiten nicht zu kurz. Eine Hilfestellung leistet zusätzlich die Karte im Umschlagdeckel, die Bezug auf die einzelnen Kapitel nimmt.

Wir hoffen, Besuchern des Steinhuder Meeres mit diesem Buch eine gute Grundlage in die Hand zu geben, um die Natur am

„Meer" entdecken und entsprechendes Hintergrundwissen erlangen zu können.

Ohne Unterstützung hätten wir dieses Buch nicht schreiben können. Gerade bei einem Reise- und Freizeitführer waren wir auf zahlreiche Informanten angewiesen. Ihnen allen sei gedankt. Ein ganz besonders herzlicher Dank gebührt Cordula Jülch. Sie hat viel Zeit und Energie aufgebracht, den Naturwissenschaftlern unter uns beizubringen, wie man zu lang geratende Texte kürzt und für Laien lesbar macht. Weitere, wichtige Anregungen zum Manuskript erhielten wir von Verena Lutz und Vanessa Sternitzke. Dank auch an Eva Maria Maas und den Landbuch Verlag für ihr Interesse an unserer Arbeit.

Viel Vergnügen und schöne, erlebnisreiche
Tage zu jeder Jahreszeit wünschen Ihnen
Thomas Brandt, Dirk Herrmann,
Bernhard Volmer und Thomas Beuster,
Frühjahr 2002

Ein See,

seine Menschen und ein bisschen Geschichte

Von Steinhude aus fahren Fahrgastschiffe und die Auswanderer zu der Insel Wilhelmstein.

Das Steinhuder Meer, der größte See in Niedersachsen, ist umgeben von faszinierenden Naturräumen, deren Vielfältigkeit man in Ruhe genießen kann. Andererseits finden sich in den ufernahen Ortschaften Hinweise auf ein traditionsreiches Leben am Steinhuder Meer.

So wird jeder, der sich auf Naturpfaden um den See bewegt, früher oder später auf die von Landwirtschaft, Fischerei oder Tourismus geprägten Orte Steinhude, Großenheidorn, Mardorf, Rehburg, Winzlar, Hagenburg und Altenhagen treffen. Da diese zumeist Ausgangsorte für Entdeckungstouren in die Naturräume sind, möchten wir sie hier zur Orientierung kurz vorstellen und auf ihre Geschichte und die bedeutendsten Sehenswürdigkeiten hinweisen.

Das Steinhuder Meer in Kürze

Das Steinhuder Meer entstand vor etwa 15 000 Jahren und ist der größte See Niedersachsens. Er hat eine Oberfläche von etwa 30 qkm. Seine Uferlänge beträgt rund 21 Kilometer. An den tiefsten Stellen, den Deipen, ist der See etwa 3,5 Meter tief, im Durchschnitt nur etwa 1,5 Meter. Die Wasserqualität ist gut.

Es gibt zwei Inseln im See, die ehemalige Festung Wilhelmstein in drei Kilometer Entfernung von Steinhude, und die ebenfalls künstlich aufgeschüttete Badeinsel, die über eine Brücke von Steinhude aus zu erreichen ist.

Der See gehört dem Land Niedersachsen. Seit der Kreisreform im Jahr 1974 liegt er im Gebiet der Stadt Wunstorf und damit in der Region Hannover. Die Orte Steinhude, Großenheidorn (beide zur Stadt Wunstorf gehörig) und Mardorf (zur Stadt Neustadt am Rübenberge) liegen direkt am Ufer des Sees.

Das Steinhuder Meer liegt im gleichnamigen, 1974 gegründeten Naturpark, der sich mit einer Flächengröße von 310 qkm von der Mittelgebirgsschwelle im nördlichen Landkreis Schaumburg bis fast nach Nienburg erstreckt. Als Naturschutzgebiet streng geschützt sind rund um den See jedoch nur rund 25 qkm, darunter etwa 5 % der Wasserfläche.

Seit 1976 ist das Steinhuder Meer u.a. aufgrund der großen Bedeutung für rastende Vögel als Feuchtgebiet internationaler Bedeutung anerkannt. Der See und seine angrenzenden Lebensräume sind heute eines der wichtigsten Rückzugsgebiete für bedrohte Tier- und Pflanzenarten in Deutschland.

Zurzeit liegen während der Sommermonate etwa 5 200 Segelboote an rund 225 Steganlagen. Badestrände gibt es in Steinhude auf der Badeinsel und in Mardorf am Weißen Berg. An manchen Tagen besuchen mehr als 50 000 Tagesgäste das Steinhuder Meer.

Steinhude an der Promenade mit Haubentauchern und die Insel Wilhelmstein – Wahrzeichen des Steinhuder Meeres.

Steinhude

Von Fischern und Webern

Das Leben am Steinhuder Meer war nicht immer rosig. Neben der Landwirtschaft und dem Torfabbau erschlossen die Bewohner Steinhudes vor allem zwei Gewerbezweige: das Fischen und das Weben.

Da der See im Besitz des Grafen- und Fürstenhauses in Schaumburg-Lippe war, hatten nur die Steinhuder das Recht, im See zu fischen. Dieses Privileg wurde heftig gegen die Ansprüche anderer, z. B. gegen die Mardorfer vom Nordufer, verteidigt.

Im Zuge der Kreisreform im Jahr 1974 kam Steinhude vom damaligen Landkreis Schaumburg-Lippe zum Landkreis Hannover. Dieser ging im Jahr 2001 in der Region Hannover auf.

Das Leben der Fischer und Weber, ihre Wohnverhältnisse und ihre Arbeit seit der Mitte des neunzehnten Jahrhunderts, sind heute in

Oben: Die Strandpromenade von Steinhude ist jährlich das Ausflugsziel tausender Besucher.

Unten: Das im Rahmen der EXPO 2000 „revitalisierte" Scheunenviertel ist ein Anziehungspunkt für Touristen. Hier befindet sich auch das Naturpark-Informationszentrum.

dem Fischer- und Webermuseum dargestellt. Ausstellungsstücke und Bilder zeigen, wie aus Flachs Stoff gefertigt wurde und wie die Menschen als Fischer von der Ernte aus dem „Meer" lebten. Unweit des Scheunenviertels, das im Rahmen der EXPO 2000 als neues Kulturzentrum Steinhudes aufgebaut wurde, sind im Insektenmuseum „Insects World" auf 400 qm lebende Insekten und Präparate aus aller Welt zu bestaunen.

Die Strandpromenade in Steinhude ist schon im zeitigen Frühjahr Ziel zahlreicher Besucher.

Großenheidorn

Bauernhöfe und Wochenendhäuser

Großenheidorn war und ist landwirtschaftlicher geprägt als Steinhude. Die beiden Orte sind heute so zusammen gewachsen, dass nur ein Ortsschild die Grenze erkennbar macht.
Etwas ausgesiedelt vom Ortskern liegen am Ufer des Steinhuder Meeres die Wochenendsiedlung am Ostenmeer, sowie die Siedlung Großenheidorner Strand mit den kleinen Kanälen, an denen die Boote der Hausbewohner liegen. Politisch erging es dem kleineren Nachbarort Großenheidorn genauso wie Steinhude.

Info Steinhude

Im Sommer werden im Fischer- und Webermuseum, Neuer Winkel 8, Aktionstage durchgeführt, an denen die alte Handwerkskunst vorgestellt wird. Mitmachen ist dann erwünscht.

Hagenburg

Ein Schloss, ein Graf und seine Festung

Am südlichen Ufer des Steinhuder Meeres wurde im Mittelalter zum Schutz der Hagendörfer eine Grenzburg, die „Hagenborch", errichtet und 1378 erstmals urkundlich erwähnt. Vermutlich entstand aus der Burganlage das heutige Schloss. Seit 1603 befindet es sich im Besitz der Grafen und Fürsten zu Schaumburg-Lippe. Der Fachwerkflügel wurde im Jahr 1686 erbaut, der rechtwinkelig dazu errichtete Massivbau im klassizistischem Stil erst im Jahr 1799. Das Schloss ist

bewohnt und wird heute als Kunst- und Auktionshaus genutzt. Teile des Gebäudes sind während der Geschäftszeiten (täglich, außer Mo, von 13.00 - 18.00 Uhr, So von 13.00 - 17.00 Uhr) zugänglich.
Über die Schlossstraße auf das Gebäude zukommend, liegen auf der rechten Seite die ehemaligen Wirtschaftsgebäude, links der bewaldete Schlosspark. Durch diesen verläuft von Westen her eine mit Rhododendren und Sumpfzypressen gesäumte Allee, die in den Jahren 1913 bis 1917 angelegt wurde, auf das Schloss zu. Der Schlosspark selbst ist naturkundlich sehr interessant und wird zusammen mit dem in der Nähe liegenden Moorgarten und dem Findlingsgarten am Ende des Kapitels „Der Meerbruch mit den Meerbruchswiesen" vorgestellt. Über eine „Wasserstraße", dem Hagenburger Kanal, ist das Schloss in nördliche Richtung mit dem Steinhuder Meer verbunden.

Die St.-Nicolai-Kirche in Altenhagen wurde von 1869 bis 1871 im Stil der Backsteingotik erbaut.

In früheren Zeiten war die Festung auf der Insel Wilhelmstein uneinnehmbar.

THEMEN **INFO**

Der Wilhelmstein

Zwischen den Jahren 1761 und 1765 wurde rund 1,5 Kilometer nördlich des Hagenburger und drei Kilometer westlich des Steinhuder Ufers eine Insel aufgeschüttet. Damit wurde die Basis für die Inselfestung Wilhelmstein, die 1767 fertiggestellt wurde, geschaffen. Graf Wilhelm zu Schaumburg-Lippe (*1724, † 1777) schuf diesen zu dieser Zeit uneinnehmbaren Ort im See, wo unter anderem eine Kriegsschule eingerichtet wurde. Ursprünglich war der Wilhelmstein eine Inselfestung, um die 16 auf Rammpfählen stehende und sternförmig angeordnete Festungsgebäude standen. Ende zu Beginn des neunzehnten Jahrhunderts wurden alle 17 Inseln aufgeschüttet und die Einzelbauwerke miteinander verbunden. Die Insel erhielt dadurch ihre quadratische Form. Heute kann man mit traditionellen Segelbooten, den so genannten Auswanderern, von Steinhude und Mardorf zum Wilhelmstein fahren und dort das Inselmuseum besuchen. Auswanderer heißen die Boote, weil man in früheren Zeiten mit ihnen, von Steinhude oder Hagenburg kommend, am gegenüberliegenden Ufer im „Ausland" war.

Info

Festung Wilhelmstein

Tel. 0 50 33/14 36,
Öffnungszeiten:
1. April - 15. Oktober
von 9.00 - 18.00 Uhr.

Die Insel Wilhelmstein wurde bereits im 18. Jahrhundert angelegt. Heute ist sie ein beliebtes Ausflugsziel.

Diese Architektur ist in Rehburg und Umgebung typisch. Sie ist geprägt durch die Baumeister der Familie Meswarb und der ehemaligen Rehburger Bauschule. Hier ein ehemaliges Wohnhaus der Familie.

Rehburg und Winzlar

Westlich des Sees

Mit dem Auto durchquert man auf dem Weg um das Steinhuder Meer die Ortschaften Winzlar und Rehburg. Beide Orte liegen etwas abseits des Steinhuder Meeres und grenzen westlich an den Meerbruch an, der vor tausenden Jahren Teil der Seefläche war (siehe Kapitel „Ein Gang durch die Erdgeschichte" und „Der Meerbruch mit den Meerbruchswiesen").

Zusammen mit den bis 1974 selbstständigen Gemeinden Loccum, Münchehagen und Bad Rehburg entstand aus ihnen die heutige Stadt Rehburg-Loccum mit insgesamt etwa 11 000 Einwohnern. Sie gehört zum Landkreis Nienburg. Die Stadt Rehburg wurde im 12. Jahrhundert gegründet. Die alte Reheburg, heute Teil des neuen Rathauses, ist das älteste noch stehende Bauwerk. Im Jahr 1648 erhielt der Ort die Stadtrechte und 1725 die Marktrechte.

Das kleine idyllische, südlich an Rehburg angrenzende Winzlar wurde im Jahr 1196 erstmals urkundlich erwähnt. Der Ort ist ein beliebter Ausgangspunkt für Wanderungen in den Meerbruch mit seiner fantastischen Vogelwelt. An der Durchgangsstraße befindet sich am Südrand des Dorfes das Stationsgebäude der Ökologischen Schutzstation Steinhuder Meer (siehe „Themeninfo: Die Ökologische Schutzstation Steinhuder Meer").

Die Ortsmitte in Rehburg mit dem alten Schlauchturm.

Mardorf

Dorfidylle am Nordufer

Mardorf am Nordufer das Steinhuder Meeres lebt heute vor allem vom Tourismus. Das einstige Bauerndorf hat trotzdem seinen ländlichen Charakter bewahrt. Es ist ein idealer Ausgangspunkt für die Erkundung der Natur rings um das Steinhuder Meer und bietet darüber hinaus eine Fülle von Freizeitangeboten wie z. B. Wassersport, Reiten und Golf (siehe Kapitel „Von A bis Z - Serviceteil/Adressen").

Erstmals erwähnt wurde Mardorf im Jahr 1173. Noch bis vor wenigen Jahrzehnten war das kleine Dorf vor allem bäuerlich geprägt. Die Neugründung des nach dem Dreißigjährigen Krieg fast völlig zerstörten Ortes erfolgte ein Stück abseits des Sees, wo für die Landwirtschaft bessere Bedingungen bestanden als direkt am Ufer. Erst in den letzten Jahrzehnten hat sich das Dorf durch den Bau von Wochenendhäusern und Freizeiteinrichtungen wieder auf das Steinhuder Meer „zubewegt".

Lange Zeit bestand eine Rivalität um die Fischereirechte mit Steinhude, das damals schließlich im „Ausland", d. h. in Schaumburg-Lippe lag. In einem Grenzvertrag mit dem Fürst zu Schaumburg-Lippe bekamen die preußischen Mardorfer 1602 das Recht, ihre Rinder im Meer zu tränken und zur Laichzeit der Weißfische, wenn diese an das Ufer kommen, in den See zu gehen und mit den Händen - ohne Boot und Fanggeräte ! - zu fangen.

Das neu gestaltete Dorfzentrum Mardorfs. Im Vordergrund das Haus des Gastes mit der Tourist-Info.

Ein Anlaufpunkt für den Besucher sind heute mehrere hübsche Fachwerkgebäude in der Ortsmitte, in denen sich die Tourist-Info, das Heimatmuseum, die Naturpark-Informationsstelle und ein Cafe befinden. Die Häuser standen übrigens ursprünglich nicht hier, sondern an anderen Stellen in Mardorf und sogar in anderen Ortschaften. Sie wurden an dieser Stelle neu aufgebaut. Die direkt daneben liegende, kleine Fachwerkkapelle stand dagegen schon immer hier. Die im Jahr 1721 errichtete Kapelle lädt Urlauber und Durchreisende zu Besuch und Andacht ein und wird auch gerne von Brautpaaren zur Hochzeit genutzt. Die Kapelle ist von Ostern bis zum Erntedankfest täglich von 9 bis 17 Uhr geöffnet.

Hübsch anzusehen ist auch die „Alte Schmiede", die heute eine Aalräucherei beherbergt und allen Liebhabern leckerer Fischspezialitäten empfohlen sei.

Tourismus früher und heute

Die Entwicklung

Die Dörfer und Städte am Steinhuder Meer sind schon seit vielen Jahren Naherholungsziel, Urlaubsgebiet und Wohnstätte. Bereits vor über 200 Jahren begann die touristische Entwicklung am Steinhuder Meer. Erste Ziele waren vor allem das ehemalige königliche Bad Rehburg und die Insel Wilhelmstein.
Mit der Eröffnung der Steinhuder Meerbahn im Jahr 1898 begann die touristische Entwicklung in Steinhude. Ein Jahr später wurde hier das erste Hotel in der Region eröffnet. Der Tourismus entwickelte sich Mitte des letzten Jahrhunderts vor allem in Mardorf, Hagenburg und Steinhude. Im Laufe der Zeit entstanden zahlreiche Campinganlagen, Wochenendsiedlungen und Hotels.
Heute wird die Zahl von Übernachtungen in Steinhude, Mardorf und Rehburg-Loccum auf über 300 000 pro Jahr geschätzt. Die meisten Besucher sind jedoch Tagesgäste, die hauptsächlich „in der Saison" zwischen März und Oktober den See besuchen.

Die 35 000 qm große Badeinsel in Steinhude ist das Ziel zahlreicher wasserbegeisterter Besucher.

Kultur und Gastronomie

Ein Überblick

Blick von der Brücke zur Steinhuder Badeinsel (rechts) auf den See.

Die meisten Besucher wählen das Steinhuder Meer als Urlaubsziel, weil sie die schöne Landschaft und die weitgehend intakte Natur mit ihren zahlreichen Tier- und Pflanzenarten erleben wollen. Es gibt aber auch ein Programm mit einem attraktiven Kulturangebot, das beispielsweise in den Tourist-Infos in Steinhude (Strandterassen) und Mardorf (Aloys-Bunge-Platz) erhältlich ist.
Das Fischer- und Webermuseum in Steinhude und das Torfmuseum im Schloss Landestrost in Neustadt zeigen das hiesige Leben in alten Zeiten und das Scheunenviertel in Steinhude, das als dezentrales Projekt zur Weltausstellung EXPO 2000 „revitalisiert" wurde, lädt zum Verweilen ein.
Feste, wie das „Festliche Wochenende/Steinhuder Meer in Flammen", oder das jährlich im Sommer stattfindende Hoffest in der Ökologischen Schutzstation Steinhuder Meer in Winzlar locken zahlreiche Besucher an.
Gastronomie gibt es in allen Gemeinden, aber man steht im Winter gelegentlich vor geschlossenen Türen. Hier merkt man, dass die Region noch primär auf den Tourismus in den Sommermonaten setzt.

Das Steinhuder Meer ist ein ideales Surf- und Segelgebiet.

Radfahren, Surfen und Segeln

Sportmöglichkeiten

Für Sportler ist vor allem der See selbst beliebt. Segelklubs gibt es in Mardorf, Steinhude und Hagenburg. Gesurft werden darf von den Stegen und der Surfeinsatzstelle am Kiefernweg in Mardorf aus, zu bestimmten Zeiten auch von der Badeinsel in Steinhude. Familienfreundliche Badestrände liegen auf der Badeinsel und in Mardorf an der weißen Düne.
Neben Wassersportaktivitäten erfreut sich das Radfahren

Treffpunkt Steg in Steinhude.

einer großen Beliebtheit. Die meisten Radwege sind gut ausgebaut. Der Rundweg um den See ist etwa 30 Kilometer lang. An Sonn- und Feiertagen ist der Weg aber häufig sehr stark frequentiert. Mehrtagesgäste sollten diese Tour daher lieber auf einen Wochentag legen.

Sport ist schön und wichtig. Aber: man sollte sich an die Spielregeln halten und entsprechend Rücksicht auf die Belange der Tiere und Pflanzen nehmen, die am Steinhuder Meer leben und hier nur existieren können, wenn ihre Bedürfnisse beachtet werden. Dazu gehört zum Beispiel die Befahrensregelung, die das Segeln und Surfen vom 1. November bis zum 31. März generell untersagt (siehe Kapitel „Ökosystem Steinhuder Meer - Schutzmaßnahmen").

Über 5 000 Segelboote liegen an den Steganlagen in Mardorf (hier im Bild) und Steinhude.

Ein Gang
durch die Erdgeschichte

Vor langer Zeit wollte sich ein mutiger Zwerg an dem Riesen Hardo dafür rächen, dass dieser immer wieder mit einer großen Axt im dichten Wald des Haarberges Bäume fällte. Er bat daher den Düsselburger Riesen um die gemeinsame Axt, indem er mit verstellter Stimme den Ruf von Hardo nachahmte. Prompt sauste die Axt durch die Luft. Der Zwerg sprang ihr entgegen, um sie festzuhalten, doch seine Kraft reichte nicht aus und er wurde mit furchtbarer Wucht tief in den Boden geschmettert. Zu allem Unglück war nun auch schon Hardo zur Stelle, ehe die übrigen Zwerge zur Hilfe eilen konnten. Wutentbrannt trat Hardo den Zwerg mit seinem mächtigen Fuß in den Boden, wo eine gewaltige Vertiefung zurückblieb. Nacht für Nacht versammelten sich hier nun die Zwerge und weinten um ihren toten Bruder. Sie weinten so lange, bis ihre Tränen die Grube gefüllt hatten und ein großer See entstanden war, der heute das „Steinhuder Meer" genannt wird.

So wird in der Welt der Sagen die Entstehung des Steinhuder Meeres erklärt. Betrachtet man den See aus der Luft, so kann man mit ein bisschen Phantasie wirklich den Fußabdruck des Riesen Hardo erkennen (er hatte wohl sicherlich Plattfüße). Probiert man aber einen Schluck Wasser aus dem See, so stellt man fest, dass es nicht im geringsten salzig schmeckt, was ja so sein müsste, wenn er aus den Tränen der Zwerge entstanden ist. So ganz wahr kann die alte Sage daher nicht sein. Betrachten wir die Entstehung des

Der von weitem sichtbare Kaliberg in Bokeloh wird von den Anwohnern liebevoll Kalimandscharo genannt.

Steinhuder Meeres daher einmal im erdgeschichtlichen Zusammenhang.

Das Steinhuder Meer liegt genau zwischen zwei Großlandschaften, die das Land Niedersachsen am stärksten prägen. Mit den eiszeitlichen Sandrücken der Schneerener Moorgeest schließt sich nördlich des Sees die Norddeutsche Tiefebene an. Im Südwesten steigen als Mittelgebirgsschwelle die Rehburger Berge mit 160 Meter über NN auf. Ihr Kamm liegt somit 120 Meter höher als der Wasserspiegel des Steinhuder Meeres. In den Rehburger Bergen lassen sich übrigens auch Zeugnisse der Dinosaurier finden. Weiter im Süden folgen die Mittelgebirgsrücken der Bückeberge, des Süntels und des Deisters, die bei klarer Sicht ein schönes Panorama bilden.

Mit einer durchschnittlichen Tiefe von nur 1,50 m ist das Steinhuder Meer der größte Flachsee Deutschlands. Gemeinsam mit den Mooren im Westen und Osten des Sees bildet er die Steinhuder-Meer-Niederung.

In Bokeloh, im Süden des Steinhuder Meeres, hat der Mensch ein erdgeschichtliches Zeugnis erschlossen: Kali- und Steinsalz werden hier für die chemische Industrie und die Landwirtschaft gewonnen, der Abraum ist weithin als Kaliberg sichtbar. Unter den Einheimischen wird dieser markante Hügel übrigens Kalimandscharo genannt.

Erdgeschichtlich sind im direkten Umfeld des Steinhuder Meeres geologische Ablagerungen und oberflächenformende Prozesse von 250 Millionen Jahren Dauer zu entdecken. Um die unterschiedlichen Gesteine und ihre heutige Gestalt besser erleben zu können, begeben wir uns auf eine kleine Zeitreise durch die Gesteinsschichten am Steinhuder Meer. Einsteigen wollen wir durch den sonst nur für Bergleute zugänglichen Kalischacht in Bokeloh.

Das Zechsteinmeer

Wie das Salz in die Erde kam

Im Kalischacht reicht das Salz bis wenige Meter unter die Erdoberfläche. Ansonsten ist dieses Salz von über 4 000 Meter mächtigen, jüngeren Gesteinsschichten überlagert. Betrachten wir den Aufbau der einzelnen Gesteinsschichten mal etwas genauer: Vor rund 250 Millionen Jahren war fast das gesamte Gebiet Niedersachsens, einschließlich des Harzes, von dem so genannten Zechsteinmeer überspült. Zu dieser Zeit lagen die Landmassen der Erde noch dicht beieinander. Der Harz, dessen

Erdgeschichte

Zeit vor heute	Erdzeitalter	Formation	Abteilung	Geologische Bildungen	Beispiele für das Vorkommen im Raum Steinhuder Meer; angrenzende Mittelgebirge
	Erdneuzeit	Quartär	Holozän (aktuelle) Warmzeit	Flugsand, Niedermoore, Hochmoore, Seen, Auen	Weiße Düne, Meerbruch, Totes Moor, Steinhuder Meer, Meerbach
10 000			Pleistozän (Eiszeiten, mit kurzen Warmzeiten)	Sand, Lehm, Löß, Endmoränen, Grundmoränen, Dünen, Börden	Geest, Mardorfer, Schneerener Endmoränen, Grinderwald, Ausbildung Steinhuder Meersenke
2 Mio.		Tertiär		Ton, Sand, Braunkohle	Kaum Ablagerungen
65 Mio.	Erdmittelalter	Kreide	Obere Kreide	Mergelstein, Kalkstein	Meiste Ablagerungen abgetragen
			Untere Kreide	Sandstein, Tonstein, Steinkohle, Mergelstein (Gondwanaland zerbricht)	Kammbildner Rehburger Berge, Bückeberge, Deister, Sandsteinbrüche (Hausbau), Kohlebergbau (Rehburger Berge, Neustadt) Dinosaurierspuren (Münchehagen)
140 Mio.		Jura	Malm, Doger, Lias	Kalkstein, Mergelstein, Steinsalz, Tonstein (Großkontinent zerbricht, beginnende Alpenbildung, Bruchschollentektonik)	Mergelgruben mit salzigem Wasser (Winzlar, Wiedenbrügge), Rand der Schmalenbruch Senke, Süntel, Ith
195 Mio.		Trias	Keuper	Sandstein, Tone, Mergelstein	
			Muschelkalk	Kalkstein, Gips, Mergelstein (Zement und Branntkalk)	Ottensteiner Hochfläche
225 Mio.	Erdaltertum	Perm	Zechstein	Kali- und Steinsalz Kalkstein	Zechsteinsalzverwerfung unter dem See; Gewinnung in Bokeloh (Kaliberg)
290 Mio.			Rotliegendes	Sandstein, Tonstein	Südharz
Zeitsprung					
440 Mio.	Erdaltertum	Silur		Korallenriffe, erste Landpflanzen	Beginn der Gesteinsbildungen des Harzes
2,5 Mrd.	Urzeit			Bildung großer Kontinente	
4,6 Mrd.	Urzeit	Präkambium			Ursprung der Erde

Gesteine rund 150 Millionen Jahre älter sind als die Salze, war zu dieser Zeit durch Abtragungsvorgänge völlig eingeebnet. Die dort abgetragenen Steine und Sande wurden im Vorland abgelagert, im so genannten germanischen Becken. Das Zechsteinmeer, das sich zwischen dem heutigen England und Dänemark im Norden, dem Harzrand im Süden, Brandenburg im Osten und zeitweilig sogar bis zur Ostgrenze Polens erstreckte, füllte dieses Becken.
Bewegungen in der Erdkruste und Klimaschwankungen führten immer wieder zu abgeschnürten Meerbecken, in denen sich aufgrund extremer Verdunstungsverhältnisse Kalke, Gipse und vor allem Salze ablagerten. Insgesamt werden vier Eindampfungsperioden unterschieden, die durch neu einströmendes Meerwasser eingeleitet wurden. In 10 Millionen Jahren wurde eine über 1 000 Meter starke Salzschicht abgelagert. Die Geologen bezeichnen dieses Zeitalter als Abteilung „Zechstein" innerhalb des Erdaltertums (Perm). Auf diese Weise ist auch die Salzschicht im südlichen Bereich des Steinhuder Meeres entstanden.
Im Kalischacht, bestehend aus Zechsteinsalz, können wir bis 1 400 Meter unter die Erdoberfläche vordringen. In dieser Tiefe ist die Luft trocken, und es ist über 30 °C warm. Immer wieder lagerten sich durch Verdunstung Salze ab. Alleine das Gewicht der abgelagerten Schichten führte zur Senkung des Meerbeckens. An anderen Stellen kam es zu Hebungen und Durchbrüchen, sodass immer wieder Verbindungen zu den großen Weltmeeren entstanden. Abstrakt betrachtet reagiert die Erde wie eine überreife Apfelsine: Drückt man an einer Stelle die Schale ein, so beult sie an einer anderen aus. So verlagert sich die Lage von Meeren, und Flüsse müssen sich neue Wege suchen.

Die Muschelkalkzeit

Wo das Material des Bremer Rolands herkommt

Sich wiederholende Meeresspiegelschwankungen ermöglichten schon im Erdmittelalter Schichtbildungen aus unterschiedlichen Sedimenten. Während der Muschelkalkzeit lagerten sich z. B. Muschelkalke und Mergel ab. Der Kalk steht nur an wenigen Stellen in Niedersachsen z. B. im Hildesheimer Wald direkt an. Aufgrund sei-

Die Geestkante am Nordrand des Meerbruchs – bis hierher reichte einst das Steinhuder Meer.

ner Härte bildet er aber häufig den Sockel für Mittelgebirgskämme. Wegen seiner Dickbankigkeit eignet sich der Kalk gut als Werkstoff, und so besteht auch der Bremer Roland aus diesem Material. Im Bereich des Steinhuder Meeres befinden sich im Untergrund Kalkbänke mit einer Schichtmächtigkeit zwischen 200 und 300 Meter. Während des darauf folgenden, jüngeren Keupers lagerten sich am Steinhuder Meer 400 bis 500 Meter mächtige Gesteinsfolgen ab, besonders Sandstein mit Einlagerungen von Pflanzenresten, aber auch Tonsteine mit Gips.

Jura und Malm

Das Meer kommt und geht

Im Erdalter des Juras, das seinen Beginn vor ca. 195 Millionen Jahren hatte, trug nur der obere Jura (= Malm) zur Geologie um das Steinhuder Meer bei. Im Laufe des Malms zog sich das Meer, das sich im unteren Jura noch ausgedehnt hatte, wieder zurück. In den Flachwasserbereichen lagerten sich vor allem Kalke ab.
Im Bereich des Rehburger Sattels, der bogenförmig von Bad Rehburg über Bergkirchen, südlich von Windhorn bis zum Wiedenbrügger Berg verläuft, ist der Malm nur von dünnen eiszeitlichen Schichten bedeckt. Es handelt sich um Sand-, Ton- und Mergelstein, in die aber durch übersalzende, abgeschnittene Meeresbuchten, die eindampften, so genannte Steinsalzkissen eingeschaltet sind. So kann man bei Winzlar Quellen finden, die diesen salzhaltigen Mergel anschneiden. Im Bereich dieser salzhaltigen

Quelle wachsen heute salztolerante Pflanzen, die sonst nur an der Nordseeküste heimisch sind. Die Gesamtmächtigkeit des Malms, der aus vielen unterschiedlichen, in sich verschachtelten Meeresablagerungen gebildet wurde, schwankt im Raum Rehburg zwischen 200 und 1 300 Meter.

Kreidezeit

Steinkohle entsteht und Dinosaurier hinterlassen Spuren

Die letzte Epoche des Erdmittelalters wird vor rund 140 Millionen Jahren von der Kreidezeit eingeleitet. Es ist die letzte Phase großer Ablagerungssvorgänge. Die Ablagerungen der unteren, älteren Kreide bilden das anstehende Gestein der Rehburger Berge, des Deisters und, sind auch namensgebend für einen Teil der Ablagerungen, die Bückeberge.
Durch die Hebung der Alpen in der Kreidezeit veränderten sich die Höhenlagen im Gebiet. Das südliche Niedersachsen wurde Festland, im mittleren Niedersachsen blieb ein von den Weltmeeren abgeschnittenes Binnenmeer, das aussüßte. Im südlichen Teil des Binnenmeeres, den heutigen Rehburger Bergen, das zum Teil sumpfigen Charakter hatte, sedimentierten neben Tonen auch Sande.

Die Vegetation war geprägt durch das subtropische Klima. Absterbende Baumfarne und Schachtelhalmgewächse vertorften und verfestigten sich im Laufe von 140 Millionen Jahren zu Steinkohle. Diese Steinkohleschichten, die maximal einen Meter mächtig sind, wurden im Bereich der Rehburger Berge in Schächten bis ins letzte Jahrhundert abgebaut. Nördlich von Neustadt, wo Abfolgen von Sandstein und Kohle dicht unter der heutigen Erdoberfläche anstehen, erfolgte der Abbau bis 1872.
Heute sichtbar ist der Sandstein in Neustadt nur noch an der Löwenbrücke, wo er den Wasserfall der Leine bildet. In Ufernähe des Binnenmeeres tummelten sich aber auch Saurier, die ihre Trittsiegel in dem heute verfestigten Sand- und Tonstein hinterließen. Heute sind diese ca. 140 Millionen alten Relikte im Dinopark Münchehagen zu bewundern (siehe Kapitel „Die heutige Landschaft entsteht“).
In der Geologie werden die Ablagerungen der unteren Kreide als Bückebergformation bezeichnet. Die Sandsteine dieser Ablagerungen zeichnen sich durch ihre besondere Härte aus, sodass die 5 bis 15 Meter mächtige, zum Teil fossilienführende Hauptsandsteinlage, den Kamm der Rehburger Berge, den Haarberg bei Winzlar und den Wiedenbrügger Berg bildet. Die Gesamtmächtigkeit der Bückebergformation beträgt zwischen 300 und 500 Meter. In Steinbrüchen auf den Rehburger Bergen, aber auch auf

Der Blick vom Weißen Berg über den See auf die Mittelgebirge zeigt die wechselvolle Entstehungsgeschichte dieser Landschaft. Im Hintergrund sind die Mittelgebirgszüge von Deister, Süntel und den Bückebergen, im Vordergrund die Rehburger Berge zu erkennen.

dem Haarberg bei Winzlar wurden die Sandsteinschichten gebrochen und in der Region zum Hausbau eingesetzt. So bestehen nicht nur viele Hausfundamente der Region aus dem Sandstein der Rehburger Berge, auch die künstliche Insel Wilhelmstein wurde aus diesem Material aufgebaut.
Bekannter noch ist der Sandstein, der in den Bückebergen gebrochen wurde. Dieser „Obernkirchener Sandstein" wurde über die Weser nach Bremen verschifft und ist in zahlreichen Renaissancegebäuden verbaut. Die Abfolge von Sandstein, Blättertonstein und dünnen Kohleschichten kann in den Sandsteinbrüchen, die sich auf dem Kamm der Rehburger Berge befinden, sehr schön betrachtet werden. Der Südhang der Rehburger Berge wird von Tonstein gebildet, der aufgrund seiner dünnplattigen Ausbildung auch als Schiefer bezeichnet wird.

Das Ende der Ordnung

Chaos der Gesteine

Die beschriebenen Schichten lagerten Millionen von Jahren relativ gleichmäßig übereinander. Dann aber kam Unruhe in die Erde, der Großkontinent Gondwanaland teilte sich auf, im Alpenraum stiegen Tiefengesteine auf, und dabei zerbrachen auch die in Niedersachsen sedimentierten Schichten. Mehrere Gesteinsschichten umfassende Schollen schoben sich übereinander, drückten andere nach unten und stellten sich unterschiedlich stark auf. Durch diese Bruchschollentektonik bildeten sich Gebirge von über 3 000 Meter Höhe. Die Salze des Zechsteins, die aufgrund des hohen Druckes der überliegenden Schichten plastisch geworden waren, konnten nun von unten in die entstehenden Klüfte eindringen.
Durch diese Vorgänge wurden die Ablagerungsfolgen der Gesteinsschichten stark verändert. Das wird an den Mittelgebirgsrücken deutlich, die heute von unterschiedlichen Gesteinen gebildet werden. Parallel zur Ausbildung der Bruchschollen setzten Abtragungsvorgänge ein. Hauptsächlich fanden Abtragungsvorgänge durch Erdrutsche, Abspülungen und anschließende Verlagerungen durch Flüsse statt. Waren leicht lösliche Zechsteinsalze bis an die Oberfläche vorgedrungen, so kam es zu Auslaugung und Wannenbildung.
Ein Sattel, in dem Salze aufgestiegen sind, erstreckt

Zeugnis der Vergangenheit: Sandsteinbruch bei Bergkirchen.

sich auch unter dem Steinhuder Meer (Steinhuder-Meer-Linie). Er verläuft von Nordwest, wo das Salz bei der Ortschaft Husum nur 170 Meter unter der Erdoberfläche liegt, nach Südost über Bokeloh, wo es sogar schon in 90 m Tiefe zu finden ist, bis nach Munzel. Gesteinsschichten blieben jedoch stehen, wenn sie Wind, Regen und Frost aufgrund ihrer Härte widerstanden. Heute bilden sie oft die Bergrücken.

Aus Bergen konnten so aber auch Täler entstehen. Dies ist eindrucksvoll an den Rehburger Bergen zu erleben: Der höchste Punkt des Bergs lag wahrscheinlich beim heutigen Schmalenbruch, der heute tiefsten Stelle der Senke zwischen Wiedenbrügger Berg und Rehburger Berg. Hier standen durch die Bruchschollenbildung weichere Gesteine (u. a. Mergelstein) an der Erdoberfläche, die aber abgetragen wurden, sodass ringförmig ein Härtling aus Sandstein stehen blieb. Dieser ist deutlich von Bergkirchen aus zu sehen. Aufgrund der schräg gestellten Schichten an den Hängen der Mittelgebirge, wechseln sich dort heute die unterschiedlichsten Gesteine ab, sodass völlig verschiedene Wuchsbedingungen für Pflanzen gegeben sind.

Es wird kalt

Eiszeiten/Warmzeiten

Im Quartär, also ca. 1,7 Millionen Jahre vor heute, sind zwei Ereignisse von großer Bedeutung für die Erde. Erstens führten Klimaveränderungen zur Absenkung der Jahresmitteltemperaturen von +18 °C auf unter 0 °C. Nur in den kurzen Warmzeiten traten

Blick vom Wiedenbrügger Berg: Der See bedeckte einst die gesamte Steinhuder-Meer-Niederung. Auch in früheren Warmzeiten gab es hier einen See.

Temperaturen in heutiger Höhe auf. Im so genannten Zeitalter der Eiszeiten (Pleistozän) wechselten sich Kalt- und Warmzeiten rhythmisch ab.
Die Hinterlassenschaften der eiszeitlichen Gletscher sind über 100 Meter mächtige Sandablagerungen. Ohne sie wären die Rehburger Berge ein Küstengebirge der Nordsee. Das heutige Niedersächsische Flachland war ein tiefliegendes Gebirge, das heute „übersandet" ist. Das zweite Ereignis war die Entwicklung des Menschen, was sich gerade in der heutigen Zeit als sehr landschaftsverändernd herausstellt.
Die ersten Kalt- und Warmzeiten lassen sich in Niedersachsen nicht nachweisen, sodass wir nochmals einen Zeitsprung von 1,5 Millionen Jahren unternehmen. In der ältesten Eiszeit, der Elstereiszeit, lagen auch die Rehburger Berge unter Gletschern. Die Zeugnisse in Form von Sanden und Kiesen sind aber nur unter den Ablagerungen der jüngeren Saale-Eiszeit zu erbohren. Es sind maximal 15 Meter mächtige lehmige Schichten. Vereinzelt wurden Ablagerungen der Holsteinwarmzeit, die der Elstereiszeit folgte, gefunden.
Prägend für das heutige Landschaftsbild am Steinhuder Meer waren die Gletschervorstöße der Saaleeiszeit, die bis Hameln vordrangen. Diese Gletschervorstöße bildeten Moränen, indem die im Eis mitgeführten Gesteinen aus Skandinavien nach dem Abschmelzen liegen blieben oder noch unter dem Eis bis zur Größe von winzigen Tonteilchen zerrieben wurden. Eine deutliche Eisrandlage - vielleicht eines der deutlichsten Eiszeitrelikte in Niedersachsen - bilden die heute noch über 100 Meter hohen Endmoränen der Rehburger Phase, die im Drenth-Stadium der Saaleeiszeit vor ca. 200 000 Jahren entstanden. Sie ziehen sich vom Emsland bis fast nach Magdeburg.
Nahezu der gesamte Bereich nördlich des Steinhuder Meeres ist heute geprägt von den mehr oder weniger kuppigen Moränen. Sie ziehen sich von Rehburg über Schneeren bis nach Nienburg und dann weiter ins Neustädter Land. Im Grinderwald sind sie 100 Meter hoch. Dort, in der Nähe von Stöckse, ist auch der Giebichenstein zu finden. Er ist mit einer Größe von 70 qm und einem Gewicht von ca. 330 Tonnen der größte Findling der Eiszeit, der in Niedersachsen gefunden wurde. Von Südschweden wurde der Granit rund 600 Kilometer mit dem Eis transportiert. Kleinere, aber immer noch eindrucksvolle Granitzeugen sind auch der David-Stein, der Goliath-Stein und der 20 Tonnen schwere Paul Woldstedt-Stein, die zwischen Mardorf und der Moorhütte zu finden

Solch skurrile Baumgestalten wachsen auf der Sanddüne am Nordufer des Steinhuder Meeres. Die Düne trägt die Bezeichnung Weißer Berg.

sind. Eiszeitliche Gesteine finden sich auch im Findlingsgarten in Hagenburg (siehe Kapitel „Sehenswürdigkeiten in und am Meerbruch").

Beim großflächigen Abschmelzen des Eises bildeten sich flache Grundmoränen. Große Teile Niedersachsens werden von Grundmoränenplatten bedeckt, in denen sich sandige Flächen mit lehmigen Bereichen abwechseln. Insgesamt ist eine leicht kuppige Oberflächenstruktur prägend. Gerade in Hohlformen blieb Wasser stehen und es sedimentierten auch Tone. Das Schmelzwasser der abtauenden Eismassen floss erst breitflächig über die Vorflächen der Moränen ab, um sich dann in breiten Tälern zu sammeln und abzufließen. Auch die flache Rinne zwischen Neustadt und Rehburg ist ein solcher Abfluss, sie verlief meist von Ost nach West und mündete in die heutige Nordsee.

In Niedersachsen sind die Endmoränen und die kuppigen Grundmoränen im Laufe von über 150 000 Jahren durch Wind, Wasser und Frost eingeebnet worden. Bezeichnet wird die Landschaft bestehend aus Grund- und Endmoränen als Geest.

Der Wald kehrt zurück

Ungestörte Landschaft im Eem

Die Eem-Warmzeit war ein rund 10 000 Jahre dauernder Zeitabschnitt zwischen der Saale- und Weichseleiszeit. Kältetolerante Nadelwälder folgten den Gletschern und wurden bei Jahresmitteltemperaturen, die 2 °C über den heutigen lagen, durch Eichenmischwälder mit hohem Haselanteil abgelöst. Parallel dazu kam es

zu einem schnellen Ansteigen der Nordsee, deren Küstenlinie während des Klimaoptimums etwa der heutigen entsprach und nur westliche Landesteile von Schleswig-Holstein mehrere Meter unter dem Meeresspiegel lagen. Die Landschaft ist hügelig mit zahlreichen wassergefüllten Hohlformen, in denen Tone, Mudden und Torfe sedimentierten. Sämtliche Ablagerungen sind aber in den anschließenden 110 000 Jahren von anderen Materialien überlagert worden. Archäologisch bedeutsam ist ein Fund in der Nähe von Verden, der belegt, dass Menschen in dieser Warmzeit als Jäger Waldelefanten mit Lanzen aus Holz jagten.
Für den Bereich des Steinhuder Meeres gibt es einige Torf- und Muddevorkommen der Eems, die in Kiesgruben kleinflächig gefunden wurden. Am interessantesten ist der Fund von Mudden unter dem heutigen Steinhuder Meerbecken. In ca. 20 Meter Tiefe von Sanden bedeckt, wurde eine 4 Meter mächtige Muddeschicht, die Muschelschalen und Fischwirbel enthält, erbohrt. Insgesamt kann man von einem flachen Seebecken ausgehen, das dem heutigen ähnlich war. Größe und Form des Eem-Sees sind nicht bekannt.

Die letzte Eiszeit

Tundra in Niedersachsen

Insgesamt wird die letzte Eiszeit mit einer Länge von ca. 100 000 Jahren datiert. Die kälteste Periode lag in den letzten 5 000 bis 10 000 Jahren der so genannten Weichseleiszeit. Das Klima unterlag einigen Schwankungen. Niedersachsen wurde vom Inlandeis allerdings nicht erreicht. Die Südgrenze der Gletscher lag an der Elbe. Zeugnis sind in Schleswig-Holstein die hügeligen End- und Grundmoränenflächen mit ihren vielen Seen.
Niedersachsen hingegen war eine spärlich bewachsene Kältetundra. In den wärmeren Abschnitten der Eiszeit wuchsen auch Nadelbäume, in den kälteren herrschten Dauerfrostböden vor. Die vormals hüglige Landschaft mit ihren zahlreichen Becken wurde nach und nach eingeebnet. Wie in allen geologischen Epochen kam es zu Abtragungs- und Ansammlungsprozessen, die klein-, aber auch großflächig auftraten.
Im Sommer tauten die obersten Schichten der Dauerfrostböden auf. Lagen diese Schichten an Hängen der Moränen oder auch an den Mittelgebirgshängen, so rutschten sie auf den gefrorenen Schichten in die Senken ab. Abfließendes Schmelzwasser führte je nach Strö-

mungsgeschwindigkeit zur Sortierung von Sanden in breiten Schwemmfächern. In Frostperioden wehte der Wind über diese vegetationsfreien Flächen und wirbelte Sand auf. Der Sand wurde meist nur über geringe Entfernungen transportiert und neben Flugsandebenen bildeten sich auch Binnendünen. Gerade die fortwährende Einebnung der Moränen legte immer wieder Feinmaterial frei. Vor allem die staubfeinen braunen, kalkhaltigen Teilchen, die kleiner als Sand sind, der so genannte Löß, wurde mit dem Wind über große Entfernung bis in den Windschatten der Mittelgebirge geweht. Die dort spärlich wachsenden Tundrengräser kämmten die feinen Teilchen aus der Luft. Heute bilden die Lößlandschaften ertragreiche landwirtschaftliche Böden, die im Raum Hildesheim und in Magdeburg (Bördeböden) verbreitet sind. Sie zeichnen sich durch einen hohen Nährstoffanteil und eine sehr gute Wasserspeicherung aus. In der Nacheiszeit wurde der Löß gerade an den steilen Hängen der Mittelgebirge wieder abgeschwemmt. Heute gibt es eine scharfe Grenze zwischen den fruchtbaren Bördeböden im Süden und den nördlich angrenzenden trockenen nährstoffarmen Sandböden der Geest.

Am Steinhuder Meer ist diese Grenze auch deutlich zu erkennen: Südlich von Altenhagen, dort wo die Bokeloher Windkraftanlagen stehen, beginnen die Lößböden. Allein der verstärkte Zuckerrüben- und Weizenanbau, aber auch der hohe Laubholzanteil in den Wäldern deutet auf nährstoffreichere Böden hin. Zum Vergleich stellen sich die Flächen zwischen Mardorf und Schneeren völlig anders dar: Hier entdeckt man auf den sandigen Ackerböden Steine, die Kuppen fallen häufig brach und in den Wäldern herrscht die Kiefer vor.

In die Steinhuder-Meer-Niederung wurden Sande eingespült, die oft auch Lagen von feinem Material enthielten und insgesamt Mächtigkeiten von fünf Metern erreichen. Dieser Niederungssand tritt sonst

Eiszeit nicht in der Eiszeit: In besonders kalten Wintern kann man einen Spaziergang auf dem zugefrorenen See wagen.

nur in geringen Mächtigkeiten auf. Im Bereich der Leine hat es während der Weichseleiszeit und der anschließenden Warmzeit durch das Mäandrieren des Flusses und der unterschiedlichen Abflussmenge vielfältige Materialumlagerungen gegeben. Da der Niederungssand im Steinhuder Meer einen hohen Anteil von Leinematerial enthält, muss zeitweilig auch eine Verbindung zwischen Leine und heutiger Weser bestanden haben.
Am Ende der Weichselkaltzeit, als die kälteste Phase der Eiszeit ausklang, kam es zu Temperaturschwankungen in denen sich wieder verstärkt Pflanzen ausbreiten konnten. In den Senken bildeten sich die ersten Mudden und Torfe. In dieser als Allerödzeit bezeichneten Periode breiteten sich Birken und Kiefern aus. Die Klimaschwankungen führen aber auch wieder zur Bildung von Flugsanddecken und Dünen. Erst mit einem kontinuierlichen Temperaturanstieg vor ca. 10 000 Jahren beginnt die Nacheiszeit, unsere heutige Warmzeit.

Die heutige Landschaft entsteht

Moore bilden sich

Gegen Ende der Weichselkaltzeit vor ca. 15 000 Jahren befanden sich die Böden im Dauerfrost, nur oberflächlich tauten sie auf. Die Steinhuder Meersenke, gebildet aus Fluss- und Abspülsanden, hatte im Untergrund gefrorene Eislinsen. Durch die Sandüberdeckung der Linsen und die langsame Erwärmung der tieferen Erdschichten tauten diese „Eisklötze" nur langsam auf. Das allmähliche Auftauen führte zur Sackung der überlagernden Sande. Es entstand eine flache Mulde, die sich langsam mit Wasser füllte. Das Steinhuder Meer - in größerer Ausdehnung als heute - war entstanden. Wissenschaftlich bezeichnet man diesen Prozess als Thermokarst. Solche Senkenbildungen in der Niederung können auch Ursache für die Entstehung des Toten Moores sein. Die ursprüngliche Ausdehnung des Steinhuder Meeres reichte im Westen etwas über Rehburg hinaus. Im Norden entsprach der Uferverlauf ungefähr der heutigen Ausdehnung, im Süden reichte er bis Hagenburg und Altenhagen. Steinhude liegt höher auf einem eiszeitlichen Grundmoränenrücken und im Südosten, östlich von Großenheidorn Strand, reichte der See flach in die heutigen Wiesen.
Die ältesten Seeablagerungen im Steinhuder Meer werden dem Ende der kältesten Weichseleiszeitperiode vor ungefähr 15 000 Jahren zugeordnet. Diese Tonmudde tritt lückig auf, sodass davon auszuge-

hen ist, dass der Seeboden ursprünglich durch kleine Senken (Sedimentationsfallen) gegliedert war. Gespeist wird der See durch das Grundwasser und wenigen Oberflächenzuflüssen. Sein einziger Abfluss ist der Meerbach im Westen. Früher war das Wassereinzugsgebiet des Steinhuder Meeres größer, doch im Zuge der Landwirtschaft und des Torfabbaus wurde das Umland des Sees entwässert. Das Wasser der Nutzflächen wird heute über Gräben in die Leine oder in die Weser geleitet.

In Seenähe ist das Ufer des Meerbaches, der bei Nienburg in die Weser fließt, noch natürlich bewachsen. Früher war die gesamte Niederung mit Erlenbruchwald bewachsen.

Seit 12 000 Jahren verlandet das Steinhuder Meer von Westen her. Die Verlandung hat über die Jahrtausende zu einer ständigen Ostverschiebung des Westufers geführt. Auf dem Verlandungsgürtel wuchsen Erlen auf und durch den Torfzuwachs der absterbenden Bäume und Seggen entstand ein Niedermoor, das nur noch selten unter Wasser stand. Im Westen konnte sogar ein Hochmoor, das Hagenburger Moor, auf dem Niedermoor aufwachsen. Hier häufte sich soviel Torf an, dass die Pflanzen nicht mehr das nährstoffreiche Grundwasser erreichten und sich vom Regenwasser ernähren mussten.

Von Strömungen, Schlamm und klarem Wasser

Die Dynamik der Sediment- oder auch Schlammverlagerung im Steinhuder Meer folgt einigen interessanten Prozessen. In Norddeutschland herrschen West- bis Südwest-Winde vor, sodass der Wind das Wasser nach Nordosten in Richtung der Moorhütten drückt. Der Rückstrom erfolgt am Seeboden, hier hat sich eine Strömungsrinne gebildet, die fast frei von Muddeablagerungen, im hiesigen Sprachgebrauch meist Schlamm genannt, ist.

Diese so genannten Deipen wurden früher für die Segelboote speziell ausgetonnt, da sich hier besonders kräftige Windwellen bilden. Im Westen sedimentiert die Mudde am stärksten, da hier die Strömungen und Wellen am geringsten sind. Diese Wasserberuhigung tritt auch zwischen den Steganlagen oder hinter der Badeinsel auf, sodass auch hier Schlammfallen entstehen. Die Wellen reichen je nach Windstärke unterschiedlich tief, teilweise bis auf den Grund, sodass ein Teil der Mudde wieder aufgewirbelt und an anderer Stelle abgelagert wird. Daher befindet sich ein Teil des Schlamms in ständiger Umlagerung.

Ein weiteres interessantes Phänomen ist die Schieflage des Sees

Ein See wird klar. Im Mai 1999 klarte das Steinhuder Meer fast über Nacht auf, die Unterwasservegetation begann zu wachsen. Es gibt doch noch Rätsel ...

bei Sturm. (Pusten Sie doch mal auf ihren Kaffee, sie werden sehen... Vorsicht, ihr Gegenüber sonst auch.) Der Wasserstand ist bei starkem Wind aus Westen im Ostenmeer etwa 20 Zentimeter höher als im Westen. Nur ein Teil des Wassers strömt am Seeboden zurück. Lässt der Wind nun plötzlich nach, so schwappt das Wasser zurück und mit weniger Energie wieder hin. Durch dieses Auspendeln des Wasserkörpers wird ebenfalls Mudde verlagert.

Früher wurden die Verlagerungsprozesse des Schlammes durch Unterwasserpflanzen beeinflusst. Dies hat sich durch den menschlichen Einfluss geändert. Verstärkte Aufdüngung des Wassers durch Siedlungsabwässer, touristische Nutzung und die Einleitung der Abwässer der Kläranlage Großenheidorn von 1965 bis 1972 haben zu einem verstärkten Algenwachstum geführt, sodass die Unterwasserpflanzen kein Licht mehr erhielten.

Zurzeit scheinen sich die Nährstoffverhältnisse im See zu ändern. Seit 1999 ist das Wasser seit Jahrzehnten wieder so klar, dass man auf den Grund sehen kann. Die Stabilisierung der Klarwasserverhältnisse führt seit 2001 auch wieder zur Entwicklung von Wasserpflanzen im westlichen Teil des Sees.

Sandige Dünen und nasse Moore

Der Wind hat nicht nur die Verlandungsrichtung des Steinhuder Meeres bestimmt, sondern auch Sand bewegt. Aus den eiszeitlichen Kiesen und Sanden, die am Rande der Gletscher hinterlassen worden waren, wehte der Wind die feinen Sandkörner aus und transportierte sie über kurze Strecken, um dann Dünen, wie heute an der Nordsee, aufzuwehen.

Am Steinhuder Meer finden sich Dünen zwischen der Alten Moorhütte und Mardorf (Weiße Düne, Weißer Berg, Schwarzer Berg) und westlich Mardorfs. Am Bannsee und südlich des Toten Moores in

Richtung Klein Heidorn finden sich ebenfalls Flugsanddünen. Die Dünenbildung und Umlagerung fand in der gesamten heutigen Warmzeit statt. Die Dünen wurden erst durch gezielte Aufforstungen vor etwa 200 Jahren festgelegt. Einmal mehr hatte der Mensch die Landschaft dauerhaft verändert.

Das Tote Moor im Osten ist unabhängig vom Steinhuder Meer entstanden (siehe auch Kapitel „Von Moosjungfern, grundlosen Seen und Torfwüsten - Das Tote Moor"). Unter dem heutigen Schilfgürtel am Ostufer befindet sich der trennende Sandrücken. Zahlreiche Bodenbohrungen und leider auch der heutige Torfabbau belegen, dass an vielen Stellen unter dem Hochmoortorf erlenreiche Niedermoortorfe und dünne Mudden vorhanden sind. Die Bohrungen zeigen aber auch, dass der Untergrund stark wellig ist. Im Laufe der letzten 12 000 Jahre sind diese vielen in Senken begonnenen Moorbildungen zu einem über 33 qkm großen Hochmoor zusammengewachsen. Eiszeitliche Sandrücken wurden überwachsen. Nur im Norden des Moores schauen noch zwei Sandrücken aus dem Moor heraus.

Im Gebiet unterwegs

Der Erdgeschichte auf der Spur

Gesteinsschichten betrachten, ohne selbst zu buddeln

Um die Abfolge der Gesteine und ihr steiles Anstehen zu erleben, empfiehlt sich eine sehr interessante Radtour. Hierfür sollten sie mit dem Fahrrad die Rehburger Berge bei Bergkirchen erklimmen. In Richtung Wölpinghausen und weiter nach Münchehagen sind an der Straße kleine, alte Steinbrüche zu entdecken. In der anderen Richtung zu empfehlen ist der Steinbruch auf dem Kamm in Richtung Sachsenhagen. Dort wo die Straße rechtwinkelig abbiegt, folgt man dem Weg auf dem Kamm. An der Puppenklinik vorbei führt der Weg in den Wald hinein, wo rechts nach 200 Metern ein alter verwachsener Steinbruch zu entdecken ist. Unter den dicken Sandsteinbänken liegt ein ca. 15 Zentimeter starkes Steinkohleband. Auch dünne Tonschieferplatten sind hier zu finden.

Auf dem gesamten Höhenkamm in Richtung Münchehagen ergeben sich bei gutem Wetter fantastische Blicke auf die südlich gelegenen Mittelgebirgszüge. In die andere Richtung öffnet sich das Tiefland mit einem Blick über das Steinhuder Meer hinaus. Zum Steinhuder Meer kann man auf der Straße über Bad Rehburg nach Winzlar oder nach Rehburg fahren. Es ist aber auch möglich, durch den Wald via Wilhelmsturm nach Bad Rehburg zu gelangen. Ist man erst mal auf

dem Kamm, kann auch gut der Dino-Park mit in die Tour aufgenommen werden (siehe unten). Die rasante Abfahrt in die Steinhuder-Meer-Niederung führt den Besucher von der über 100 Millionen alten Landschaft in die Meerbruchswiesen, die gerade mal eine Entwicklungszeit von 10 000 Jahren haben. Bei der Weiterfahrt nach Mardorf erreicht man dann die noch rund 200 000 Jahre alten Moränen.

Dinosaurier, hier ein Allosaurus, braucht man im Dinopark Münchehagen nicht lange zu suchen.

Fährtenlesen bei den Dinosauriern

Sehenswerte Einblicke in die Naturgeschichte gibt der Dinosaurier-Park, der direkt an der Bundesstraße 441 bei der Ortschaft Münchehagen liegt. Den Ausgangspunkt des Parks bildet ein Steinbruch am östlichen Ortsrand von Münchehagen, der bis in die sechziger Jahre hinein betrieben wurde. Hier fanden sich auf der Steinbruchsohle mehr als 250 Trittsiegel von Dinosauriern, die sich zum Teil zu Fährten von mehreren Individuen zuordnen lassen. Die Fährten stammen von zwei Arten: ein Fährtentyp von „elefantenfüßigen" Dinosauriern, die sich auf vier Beinen fortbewegten und vegetarisch ernährten, ein anderer Typ von dreizehigen, aufrecht auf den Hinterbeinen laufenden Raubdinosauriern.

Die im Steinbruch abgebauten Gesteine sind am Beginn der Kreidezeit vor ca. 130 Millionen Jahren entstanden. Damals war das nördliche Niedersachsen von einem Binnensee bedeckt, an dessen Rändern Flüsse einmündeten und Deltas bildeten. Zu einer solchen Deltalandschaft gehörte auch die Gegend um Münchehagen. Im sumpfigen Sandboden erhielten sich die Spuren der hier lebenden Saurier über längere Zeit und wurden schließlich konserviert, als sich der Sand zu Sandstein verfestigte.

Die Saurierfährten stellen wissenschaftlich bedeutsame Zeugnisse dar, da weltweit kaum Orte bekannt sind, an denen solch reichhaltige kreidezeitliche Spuren wie hier zu sehen sind. Der Fundort wurde deshalb als Naturdenkmal unter Schutz gestellt und mit einer Schutzhalle überbaut. Da jedoch Fußabdrücke allein nur mäßig spektakulär sind, sind entlang eines 2,5 Kilometer langen Rundweges über 120 Dinosaurier in Originalgröße zu bestaunen. Daneben werden viele Aktivitäten für Kinder angeboten – vom eigenhändigen Ausgraben eines Dinosauriers über Fossiliensuche im Schiefergestein bis hin zu Mal- und Bastelaktionen. Das Freilichtmuseum bietet als außerschulischer Lernort auch Schülern und Schülerinnen die Möglichkeit, sich ein interessantes Wissensgebiet auf spannende Art und Weise zu erschließen.

Info Dinos

Dinosaurier-Park Münchehagen,
31547 Rehburg-Loccum,
OT Münchehagen,
Alte Zollstraße 5,
Tel. 0 50 37/20 75,
Fax 0 50 37/57 39,
Öffnungszeiten:
9 - 19 Uhr
(März bis Okt.),
Jan., Febr. und
Nov. 10 - 16.30 Uhr.

Einmal rund
ums Steinhuder Meer

Sonnenaufgang über dem Naturschutzgebiet Ostufer Steinhuder Meer. Die stillen Buchten sind hier seltenen und gefährdeten Tieren vorbehalten.

Naturreichtum an Niedersachsens größtem See

Ein Feuchtgebiet von internationaler Bedeutung

Das Steinhuder Meer liegt nur 30 Kilometer westlich von Niedersachsens Landeshauptstadt Hannover. Mit einer durchschnittlichen Wassertiefe von 1,5 Metern - an der tiefsten Stelle sind es 3,5 Meter - und einer Uferlänge von rund 21,5 Kilometern ist es der größte Flachsee Deutschlands. Er erstreckt sich auf mehr als 30 qkm Fläche nördlich der letzten Mittelgebirgsausläufer, den bis zu 161 Meter hohen Rehburger Bergen. Neben dem See prägen großflächige Feuchtwiesen, Hoch- und Niedermoore das Gesicht der Steinhuder-Meer-Niederung. Hecken und Gräben gliedern die abwechslungsreiche Landschaft.

Der See wird hauptsächlich von Quellen gespeist, die am Grunde des Sees für den Wassernachschub sorgen. Ein wenig zusätzliches Wasser bringen nur der Winzlarer Grenzgraben, der in den Düdinghäuser Bach mündet und mit diesem zusammen am Nordrand des Hagenburger Moores in den See fließt, sowie zwei Moorgräben im Osten des Sees.

Ein Juwel am Ufer des Steinhuder Meeres: Der Eisvogel.

Nicht nur für den Menschen, sondern auch für die Tier- und Pflanzenwelt ist das Gewässer zu jeder Jahreszeit attraktiv. So zählten Naturschützer rund um den See bislang über 260 Vogelarten, von denen rund 150 als Brutvögel oder ständige Nahrungsgäste nachgewiesen werden konnten.

Der See mit seinen angrenzenden Lebensräumen ist eines von nur 31 Feuchtgebieten internationaler Bedeutung in der Bundesrepublik. Dieser Status wurde dem Steinhuder Meer aufgrund seiner großen Bedeutung für die zahlreichen rastenden und überwinternden Vögel zuerkannt.

Röhricht und naturnahe Erlenbruchwälder

Charakteristisch für den fischreichen See sind die ausladenden Verlandungsbereiche im Osten des „Meeres“ und die naturnahen Erlenbruchwälder vor allem im westlichen Uferbereich. Eine Besonderheit ist die Uferzone im Osten, die zwischen See und Hochmoor liegt. An die für einen nährstoffreichen See typische Schwimmblattzone (Unterwasserpflanzen gibt es nur stellenweise) schließt sich das Röhricht an, das zur Seemitte hin vom Wasser durchströmt wird. Hier sind Haubentaucher, Tafelente und Löffelente zu Hause. In Frühling und Sommer übertönt tagsüber der Gesang hunderter Teichrohrsänger die Stimmen von Bartmeise, Schilfrohrsänger und Rohrammer. Nachts dominiert ein heiser quiekender Ruf im Schilf: Die Wasserralle, von denen in manchen Jahren über 100 Paare am Steinhuder Meer brüten und deren Vorkommen hier zu den größten in Deutschland zählt, ist bei günstiger Witterung über 500 Meter weit zu hören. Leider ist der dumpfe Ruf der Rohrdommel, die im Volksmund wegen ihrer dumpfen Rufe auch Moorochse heißt, nur selten zu hören. Sie war noch bis in die siebziger Jahre regelmäßig in den Verlandungsbereichen zu hören. Mittlerweile brütet sie am Steinhuder Meer nur noch sporadisch, meist trifft man sie im Winter oder auf dem Durchzug in südliche Überwinterungsgebiete an.

Die nur schmale wasserdurchströmte Rohrkolben- und Schilfzone des Ufers wird durch eine lange Schilfwalze vom verlandeten Röhrichtgürtel getrennt. Sie besteht aus Pflanzenmaterial, das in den Wintermonaten vom Eis in den Uferbereich gedrückt wird und sich hier über Jahre anhäuft. Die Schilfwalze dient nicht nur zahlreichen Ringelnattern als Sonnenplatz und zur Eiablage, sondern erfüllt auch eine wichtige Funktion für das sich hier landeinwärts anschließende, einmalige Ökosystem: der nährstoffarme Sumpf. Die Walze verhindert die Wasser- und damit die Nährstoffzufuhr in diesen empfindlichen Lebensraum. Hier steht nicht mehr Schilfhalm an Schilfhalm. Statt dessen prägen Pfeifengras, Frauenhaarmoos und typische Moorpflanzen, wie das Schmalblättrige Wollgras, das Bild, unterbrochen von einigen spärlichen Schilfhalmen und Grauweidenbüschen. Hier lässt die Rohrammer von einer Sitzwarte aus ihr meist viersilbiges Lied erklingen. In der Dämmerung ist am Himmel gelegentlich der Balzflug der Bekassine zu beobachten.

In einigen Uferabschnitten grenzt das Wasser direkt an die Bruchwälder. Eine Schilfzone hat sich nicht oder nur stellenweise ausgebildet. Zu den bemerkenswerten Pflanzen gehören hier Walzensegge, Fieberklee und der bittersüße Nachtschatten. Der aufmerksame Beobachter sieht hier nicht nur die vielen Graureiher beinahe regungslos in Jagdstellung warten, sondern kann mit etwas Glück dem Eisvogel beim Fischen zusehen. Doch nicht nur diese beiden Arten profitieren vom Fischreichtum. Vom Schwarzmilan, der in dieser Region an seine nordwestliche Verbreitungsgrenze stößt, brüten rund ein halbes Dutzend Paare in der Nähe des Sees. Von Mai bis Juli sind die Elterntiere dabei zu beobachten, wie sie tote Fische von der Wasserfläche absammeln oder, was nur selten vorkommt, selbst fangen und anschließend in den Fängen zum Horst tragen.

Ein weiterer Fischjäger, der unnötigerweise ins Kreuzfeuer der Fischerei gerät, ist der Kormoran (siehe Themeninfo „Kormoran - der Meerrabe kommt selten allein"). Während der Frühlings- und Sommermonate kommen die erwachsenen Tiere aus der rund 20 Kilometer entfernten Kolonie an der Weser in das Gebiet, um Fische für den Nachwuchs zu fangen. In mehr oder weniger regelmäßigen Abständen verlassen die Kormorane in kleinen Flugformationen das Steinhuder Meer in Richtung Westen. Besonders gut sind sie vom Beobachtungsturm im Osten des Sees zu sehen, wo sie oft auf einer kleinen Insel mit Weidengehölzen ruhen. Der Beobachtungsturm, der zudem einen guten Überblick über den schon beschriebenen Uferbereich im „Ostenmeer" bietet, ist zu Fuß oder mit dem Rad vom Großenheidorner Strand aus über den Rundweg leicht zu erreichen. Die Entfernung beträgt etwa zwei Kilometer.

Fischjäger am Ufer: Der Graureiher.

Teichrosen gehören zu den Schwimmblattpflanzen. Die gelben Blüten unterscheiden sie von Seerosen.

Die kleine am Steinhuder Meer selbst ansässige Kormorankolonie ist mit einem Fernrohr vom Westturm aus zu sehen und befindet sich genau vor der Kulisse des Kaliberges.

Die weißen Seerosen wachsen fast ausschließlich in den vor Wellengang geschützten Buchten des Sees.

Die größte Raststätte im niedersächsischen Binnenland

In Herbst und Winter dient die Wasserfläche des Sees tausenden von Wasservögeln als Rastplatz auf dem Weg in den Süden. Über 1 600 Gänsesäger, 200 Zwergsäger, 1 350 Löffel- und 10 000 Tafelenten sind hier zur entsprechenden Jahreszeit zu sehen (siehe Themeninfo „Das Steinhuder Meer als Drehscheibe des Vogelzugs"). Meist kurz nach Sonnenuntergang fallen oft mehrere tausend Bläß-, Grau- und Saatgänse in keilförmiger Flugformation aus ihren Nahrungsgebieten, z. B. dem angrenzenden Naturschutzgebiet Meerbruchswiesen oder der Leineniederung, ein. Sie wollen hier die Nacht in sicherer Gemeinschaft auf dem Wasser verbringen. Im Morgengrauen ziehen sie in einer atemberaubenden Geräuschkulisse zurück auf die Nahrungsflächen.

Um der internationalen Bedeutung des Steinhuder Meeres für den Vogelschutz Rechnung zu tragen, wurde der Wassersport im Jahr 1995 nach zähen Verhandlungen zwischen Naturschützern, Sportlern und Bezirksregierung Hannover erstmals nach langer Zeit für die Dauer vom 1. November bis zum 31. März von der Wasserfläche verbannt. Ein Erfolg des Naturschutzes stellte sich zur Überraschung aller schon nach wenigen Jahren ein: Die Anzahl der rastenden und überwinternden Wasservögel hatte sich innerhalb von nur sechs Jahren versiebenfacht!

Die Tafelente ist ein seltener Brutvogel am Steinhuder Meer. In den Wintermonaten suchen jedoch tausende Artgenossen aus Osteuropa den See auf.

Sport und Naturschutz – ein Konflikt?

Dass der Schutz unserer Naturschätze, und dazu zählen auch die Wasservögel auf Niedersachsens größtem See, und die Freizeitnutzung nicht in Konflikt geraten müssen, zeigten die verständnisvollen Worte des Präsidenten des Deutschen Segler-Verbandes (DSV), H.-J. Fritze, der die heute durch die Befahrensregelung auf sieben Monate begrenzte Segelsaison als tragbaren Kompromiss zwischen den Interessen von Natur und Sport bezeichnete („Leine Zeitung" vom 22. April 1996). Es wäre schön, wenn noch viele Ziele des Naturschutzes in solchem Einvernehmen erreicht würden (siehe auch Kapitel „Ökosystem Steinhuder Meer – Schutzmaßnahmen").

THEMEN **INFO**

Kormoran – der Meerrabe kommt selten allein

Es ist Ende April. Wir nähern uns einer Geräuschkulisse aus knurrenden und grunzenden Lauten, während wir durch das hüfthohe Wasser im Bruchwald auf das Seeufer des Steinhuder Meeres zuwaten. Gegen den Himmel sehen wir durch das frisch belaubte Grün der Schwarzerlen einen schwarzen Vogel, der auf einen trockenen Ast am Ufer zufliegt und dort ungeschickt landet. Kurz darauf folgen ein zweiter und ein dritter Artgenosse. Der erste streckt Kopf, Hals und Schwanz gen Himmel und schlägt rhythmisch die Flügel auseinander, während er die „chrooh"-Laute erzeugt, die uns den Weg zu diesem Platz schon aus weiter Ferne verraten haben. Es sind Kormorane, die hier balzen. Bei genauem Hinsehen finden wir bereits fertige Nester in den wipfeldürren Erlen im Sumpf, es sind 14 an der Zahl, von denen bereits einige bebrütet werden. Hastig sammeln wir die Gewölle ein, die auf den wenigen trockenen Plätzen unter den Bäumen liegen, denn die klebrigen Speiballen mit den unverdaulichen Resten der Nahrungsfische sollen uns Auskunft über das Nahrungsspektrum der Kormorane vom Steinhuder Meer geben.

Kormorane, hier mit Jungvogel, brüten nur in kleiner Zahl am Steinhuder Meer. Der Vogel ist harmloser als sein Ruf und sein Hunger mit 350 Gramm Fisch pro Tag deutlich kleiner als in den Geschichten vieler Fischer.

Sechs Wochen später zeigt sich an der selben Stelle ein trauriges Bild. Die 12 Bäume mit den 14 Nestern liegen am Boden oder hängen im Geäst der Nachbarbäume. Die Schwarzerlen sind hier, mitten im Naturschutzgebiet, mit einer Motorsäge gefällt worden. Bereits geschlüpfte Jungvögel sind tot, die übrigen Gelege zerstört. Es herrscht eine traurige Stille um uns. Offensichtlich lag die Tat etwa zwei Wochen zurück, wie an den verwelkten Blättern der gefällten Bäume zurückgerechnet werden konnte. Die Täter gelangten vermutlich mit einem flachgängigen Boot von der Wasserseite zur Kormorankolonie, deren Standort im Naturschutzgebiet von der Landseite mit schwerem Werkzeug beinahe unzugänglich war.

Mit der völligen Zerstörung der Kormorankolonie am Ufer des Steinhuder Meeres hat der Hass gegen den Kormoran eine völlig neue Dimension erreicht. Kormorane sind – als Konkurrenten um die Fische angesehen – bei manchen Mitmenschen unbeliebt. Schuld daran sind zahlreiche Fehlinformationen oder gar Hetzkampagnen. Dabei ist es noch gar nicht lange her, dass die Art unter Schutz gestellt wurde. Ausschlaggebendes Instrument war die EU-Vogelschutzrichtlinie vom 2. April 1979. Seit deren Verabschiedung nahm der Kormoranbestand in der Bundesrepublik erst langsam, dann rascher zu. Seit Mitte der achtziger Jahre sind die Fischjäger auch am Steinhuder Meer, Niedersachsens größtem See, häufiger zu beobachten.

Vor allem während der Herbstmonate, wenn die Brutvögel der deutschen Küste,

Dänemarks oder den Niederlanden durch das niedersächsische Binnenland ziehen, steigt die Zahl der schwarzen Vögel auf dem Binnengewässer. Anfangs übernachteten die Kormorane vom Steinhuder Meer etwa 20 Kilometer entfernt an der Weser. Im Jahr 1996 entstand schließlich ein Schlafplatz am Ufer des Sees, wo im darauf folgenden Jahr ein Kormoranpaar erstmalig brütete und erfolgreich zwei Jungvögel aufzog.
Unmutsäußerungen und auch Drohungen gegen den Kormoran hatte es seitens der Berufsfischer und Sportangler aus der Umgebung mehrfach gegeben. Die Tat ist umso unverständlicher, wenn man berücksichtigt, dass das dem Land Niedersachsen gehörende Steinhuder Meer weitgehend nicht verkaufbare Fische beherbergt. Diese werden als Nahrungskonkurrenten der Nutzfische auch noch mit dem Schleppnetz abgefischt. Verwertet werden von den Fischern fast ausschließlich Hecht, Zander und Aal, die nach einem Gutachten weniger als 5 Prozent der gesamten Fischbiomasse ausmachen. Da die Kormorane am größten See Niedersachsens vornehmlich im Schwarm jagen, ist zu erwarten, dass sie vorrangig die Weißfischschwärme und damit die seitens der Berufsfischerei unerwünschten Nahrungskonkurrenten der „Nutzfische" jagen. Auch wenn der Kormoran zweifellos stark zugenommen hat, wachsen die Bestände nicht ins Unendliche. Sowohl in Dänemark als auch in den Niederlanden verzeichnen die Beobachter nach dem Bestandshoch einen Rückgang. Nur etwa 1 000 Paare brüten heute in ganz Niedersachsen. Ein Vergleich sollte uns zu denken geben: auf etwa 5 000 Bundesbürger kommt gerade einmal ein Kormoranpaar.

Die kleine Beutelmeise baut kunstvolle Hängenester in den Weidengebüschen oder Birken am Seeufer.

Im Gebiet unterwegs

Am See

Das Leben auf und am See ist von verschiedenen Plätzen aus gut zu beobachten. Die Promenaden in Mardorf und zwischen Steinhude und Hagenburg führen über weite Strecken am Ufer entlang. Leider hat ihr Bau und der hunderter Stege in den sechziger und siebziger Jahren viel wertvolle Natur zerstört und Unruhe in die sensiblen Uferzonen gebracht.
Die schönsten Blicke auf den See und die angrenzenden Lebensräume hat man heute von den Beobachtungstürmen. Im Westen des Sees ermöglicht der überdachte „Westturm" einen Blick in das Naturschutzgebiet Meerbruch und auf den Wilhelmstein (siehe auch das Kapitel „Der Meerbruch mit den Meerbruchswiesen"). Fahrräder müssen, wie auch bei den anderen Aussichtspunkten, am Fahrradparkplatz abgestellt werden.

Blick von der Düne

Auf dem Weißem Berg am Nordufer steht ein im Jahr 2000 eröffneter Aussichtsturm, der auf kürzestem Weg vom Parkplatz am Kiefernweg aus (ca. 400 Meter) über den Rundweg zu erreichen ist. Der kleine, unbefestigte Weg über die Düne ist einer der schönsten am Steinhuder Meer und kein Vergleich zur eintönigen Strandpromenade, die hier gleichzeitig den Rundweg darstellt und in rund hundert Metern Entfernung zwischen Düne und Seeufer verläuft.

Alte knorrige Kiefern mit vom Wind freigewehten Wurzeln versetzen den Besucher zurück in alte Zeiten. Der Naturfreund kann hier typische Waldvogelarten kennen lernen. Unscheinbar braune Waldbaumläufer und Gartenbaumläufer suchen, wie die ebenfalls häufigen Kleiber und Buntspechte, die Baumstämme nach Nahrung ab. Auch die am Steinhuder Meer an nur wenigen Plätzen zu beobachtende Sumpfmeise ist ein regelmäßiger Gast. Eichhörnchen sind hier häufig. Der Weiße Berg, auf dem der Aussichtsturm steht, ragt rund 20 Meter über dem Seewasserspiegel hinaus. Daher ergibt sich ein schöner Blick auf das Steinhuder Meer bis hinüber nach Steinhude. Dieser Turm hat allerdings kein Dach und bietet auch ansonsten keinen Regenschutz.

Die unermüdlich singenden Teichrohrsänger sind die häufigsten Vögel im Schilfröhricht.

Weiter westlich befindet sich die Surfeinsatzstelle, in der Nähe auch zwei Surfschulen und -shops. Die Einsatzstelle ist über den Kiefernweg zu erreichen, an dessen Ende auch ein Parkplatz vorhanden ist. Der nett gelegene Mardorfer Badestrand mit Spielplatz und Bootsverleih liegt von hier aus wiederum etwa 400 Meter westlich am Ende des Strandweges beim Restaurant „Weiße Düne“ (von der Meerstraße aus der Beschilderung folgen!). Das saubere Wasser vor dem Sandstrand ist sehr flach und erwärmt sich schnell.

Auf dem Beobachtungsturm am Ostufer kann man wunderschöne Sonnenuntergänge genießen.

Einblick in die Lebensgemeinschaft Röhricht

Nur rund einen Kilometer östlich vom Turm auf dem Weißen Berg liegt in Nähe der Neuen Moorhütte ein weiterer schö-

Ab Mitte April führen die Graugänse ihre Jungen am Seeufer.

ner Aussichtspunkt. Von einer Beobachtungsplattform ist ein Blick in das Naturschutzgebiet Ostufer Steinhuder Meer möglich (siehe Kapitel „Frühling und Sommer – oder: Von Seeschwalben und quakenden Fröschen"). Auch diese Plattform hat kein Dach und ist somit bei starken Regen sicher kein angenehmer Aufenthaltsort. Parkmöglichkeiten gibt es ca. 300 Meter entfernt in nordwestlicher Richtung bei der Neuen Moorhütte. Vom Rundweg aus erreicht man die Plattform über einen 100 Meter langen Stichweg.

Ein weiterer, überdachter Turm steht im Naturschutzgebiet Ostufer Steinhuder Meer und ist vom Rundweg aus über einen 400 Meter langen Pfad vom Fahrradparkplatz an der ehemaligen Großenheidorner Kläranlage zu erreichen. Der teilweise mit Holzbohlen ausgestattete, teilweise etwas holperige Pfad verläuft durch die östliche Verlandungszone des Sees und gibt einen tollen Einblick in das Leben eines Erlenbruchwaldes. Verschiedene typische Waldvogelarten wie Grau-, Grün- und Kleinspecht können hier mit etwas Geduld beobachtet werden.

Über den kleinen und heute weitgehend zugewachsenen Kanal direkt am Pfad wurde früher der gestochene Torf aus dem Moor nach Steinhude transportiert. Seltene Pflanzen wie die Sumpfcalla, auch Drachenwurz genannt, stehen hier in dichten Beständen und der leise Besucher wird auf die ein oder andere Ringelnatter, seltener auch auf die Kreuzotter, stoßen. Der Turm selbst ermöglicht einen Überblick über die großflächige Schilfzone am Ostufer des Sees.

Um mit dem PKW hierher zu gelangen, fährt man bis zum Großenheidorner Strand (via Strandstraße) und geht auf dem Rundweg durch die Feuchtwiesen zum Turm. Der Weg dorthin ist ca. 1,5 Kilometer lang.

Neben den hier aufgeführten Aussichtspunkten gibt es eine Reihe weiterer Plätze, die gute Einblicke in die Natur am See ermöglichen. Im folgenden geben wir Empfehlungen, welche die Wahrscheinlichkeit für schöne und interessante Tierbeobachtung sicher erhöhen.

Frühling und Sommer – oder: Von Seeschwalben und quakenden Fröschen

Der von Mai bis September wohl schönste Platz am Steinhuder Meer ist der Beobachtungsturm am Ostufer. Es empfiehlt sich, dort früh einzutreffen, um die Stimmen der Natur noch vor Beginn des ab zehn Uhr stärker werdenden Besucherverkehrs in Ruhe genießen zu können. Haubentaucher, verschiedene Entenarten, Rohrammer und Teichrohrsänger sind hier immer zu sehen. Im Mai suchen die im Prachtkleid schwarzgrauen Trauerseeschwalben häufig die Wasseroberfläche nach Insekten ab. Sehr selten sind auch Weißflügel- und Weißbartseeschwalben zwischen ihnen. Um die herauszufinden, sind jedoch detaillierte Artenkenntnisse nötig. Die Trauerseeschwalben brüten nicht am Steinhuder Meer, sondern sind hier nur auf dem Durchzug in ihre Brutgebiete anwesend. Auch im August sind sie wieder am See, diesmal auf dem Weg in ihre afrikanischen Winterquartiere. Jetzt tragen die meisten schon ihr Schlichtkleid, in weiß mit grauem Rücken.

Frühling und Sommer verändern das Gesicht der Uferzone im Osten von Woche zu Woche. Ist anfangs noch das Gelbbraun der alten Schilfstängel am auffälligsten, dominiert später die grüne Farbe des frischen Schilfs die Umgebung des Ostturms.

Im Seebereich vor dem Turm beginnen ab April die Seebinsen aus dem Wasser zu wachsen und bieten

Die Stimme der Teichfrösche ist heute wieder an vielen Stellen zu hören.

Über diesen Kanal am Ostufer wurde mit Hilfe von Torfkähnen der gestochene Torf aus dem Moor abtransportiert.

Im Stoßflug fängt der Fischadler seine Beute. Die Adler kann man in den späten Sommerwochen am Steinhuder Meer regelmäßig sehen.

den Haubentauchern Brutplätze. Wer jedoch die komplexen Balzrituale der Taucher ausführlich studieren möchte, der sollte die Beobachtungsplattform in Nähe der Neuen Moorhütte am Nordostufer aufsuchen. Am späten Vormittag und um die Mittagszeit kann hier allerdings das starke Gegenlicht etwas störend sein. Haubentaucher gehören am Steinhuder Meer zu den zutraulichsten Wasservögeln und sind an fast allen Uferabschnitten zu sehen. Einige bauen ihre Schwimmnester sogar im Schilfröhricht zwischen den Steganlagen.

Greifvogelfreunde kommen vor allem von August bis Anfang Oktober auf ihre Kosten. Mit an Sicherheit grenzender Wahrscheinlichkeit sind während dieser Zeit vom Ostturm aus Fischadler zu beobachten. Oft sitzen sie auf den Pfählen der Fischreusen. Der geduldige Beobachter kann ihnen auch bei ihrer Jagd auf Fische zusehen. Dazu fliegen die Adler in etwa 20 Meter Höhe über der Wasserfläche, rütteln häufig auf der Stelle, um dann nach genauem Lokalisieren des Fisches herabzustoßen, ins Wasser einzutauchen und die Beute zu greifen. Meist sind es hochrückige Brassen, die von den Fischadlern gefangen und zum Fressen auf die Reusenpfähle oder hohe Bäume im angrenzenden Moor getragen werden. Jedoch nicht jeder Beutestoß ist erfolgreich. Meist gelingt es den Fischen, vor dem herannahenden Schatten zu fliehen.

Fischadler gehören am See zu den regelmäßigen Durchzüglern. Im Spätsommer verweilen sie auf ihrem Weg nach Afrika über einen längeren Zeitraum am Steinhuder Meer. Mehr als ein Dutzend Fischadler gleichzeitig konnten bei Synchronzählungen rund um den See beobachtet werden. Auch im Frühling passieren die Adler das Gebiet, die meisten haben es dann jedoch eilig, in ihre Brutgebiete in Skandinavien oder im östlichen Mitteleuropa zu kommen. Aus diesem Grund sind sie von Mitte März bis Mitte Mai seltener zu sehen. Nur wenige bleiben den ganzen Sommer am Steinhuder Meer.

THEMEN **INFO**

Bühnenreife Wassershow – die Balzrituale der Haubentaucher

Einer der häufigsten Vögel auf der Seefläche des Steinhuder Meeres ist der stockentengroße Haubentaucher. In den meisten Jahren brüten hier über einhundert Paare, meist in den Schilfbeständen am Ufer. Solange der See nicht zugefroren ist, harrt der Haubentaucher hier auch im Winter aus.

Haubentaucher bieten Beobachtern eines der sehenswertesten Balzspiele im Tierreich. Und weil einige unter ihnen auch gar nicht scheu sind, lässt sich dieses von März bis Juni herrlich von den Ufern aus beobachten. Ausgestattet mit einer prächtigen Federhaube, die im Brutkleid beim Männchen sowie beim Weibchen gleichermaßen ausgebildet ist, beeindrucken beide Partner einander mit ritualisierten Verhaltensserien. Das am häufigsten gezeigte Balzelement ist das so genannte Kopfschütteln: Dicht aufeinander zugeschwommen, beginnen die Vögel mehrmals synchron ihren Kopf zu schütteln. Diese Gestik dient dem Paarzusammenhalt während der Brut- und Aufzuchtsphase.

Das Balzrepertoire der Haubentaucher enthält aber noch weitere Elemente, wie zum Beispiel den zügig ablaufenden Pinguintanz: Meist mit Nistmaterial im Schnabel schwimmen die Partner rasch aufeinander zu, richten sich wassertretend voreinander auf und wenden synchron die Köpfe hin und her, wobei diese in die jeweils entgegengesetzte Richtung zeigen. Im weiteren Verlauf der Balzzeremonie geht einer der Haubentaucher zunächst mit abgewinkelten Flügeln in die so genannte Katzenpose, der andere folgt ihm schließlich tauchend und erscheint daraufhin über Wasser mit den Beinen paddelnd in der Geisterpose.

Nach der Paarbildung beginnen die beiden Vögel mit dem Bau einer Plattform, auf der sich die Vögel paaren. Dabei folgen sie einem festen Ritual: Bäuchlings auf dem Pflanzenmaterial liegend fordert das Haubentaucherweibchen seinen Partner mit kaum hörbaren Rufen zur Paarung auf. Dieser schwimmt an die Plattform heran, wobei er manchmal etwas unschlüssig wirkt. Um seiner Aufforderung gegebenenfalls Nachdruck zu verleihen, steht der liegende Haubentaucher auf und beugt seinen Kopf nach vorn als wollte er auf ein noch nicht vorhandenes Gelege zwischen seinen Füßen deuten. Springt nun der Partner auf das Nest, dauert der nachfolgende Akt nur noch wenige Sekunden. Danach wird die Paarung durch einen Sprung über den Kopf des liegenden Partners abgeschlossen – ein deutlich vernehmbares Platschen verrät dem aufmerksamen Beobachter das Ende der Begattung, auch wenn diese selbst hinter der Vegetation verborgen blieb. Es lohnt sich, einen schönen Frühlingstag zu nutzen, um den Haubentauchern in Ruhe bei diesem Schauspiel zuzusehen.

Haubentaucher sind die auffälligsten Wasservögel auf dem Steinhuder Meer. Sie sind hier ganzjährig zu sehen, wenn der See nicht zufriert.

Die ritualisierten Balzspiele der Haubentaucher laden zum Beobachten ein. Hier ein Paar mit Nistmaterial bei der Balz.

Besonders eindrucksvoll zeigt sich die winterliche Landschaft am Westufer des Sees, wenn sie mit Raureif bedeckt ist.

Herbst und Winter – oder: Von wilden Gänsen und Raubwürgern

Der beste Platz, um zwischen November und März den täglichen imposanten Ein- und Abflug der Wildgänse miterleben zu können, ist der Beobachtungsturm am Westufer (= Westturm) des Steinhuder Meeres. Er ist zu Fuß über einen ca. 2 Kilometer langen Weg, eine Teilstrecke gehört zum Rundweg, von Winzlar aus zu erreichen (siehe auch Kapitel „Der Meerbruch mit den Meerbruchswiesen"). Die Gänse starten früh in ihre Nahrungsgebiete. So muss man es sich schon vor Sonnenaufgang auf dem Beobachtungsturm gemütlich gemacht haben. Mit ein bisschen Glück ziehen dann aber auch tausend Gänse gleichzeitig in weniger als 200 Metern Entfernung vorbei. Nicht ganz so ideal, aber dennoch Erfolg versprechend, ist die Beobachtungsmöglichkeit von der Strandpromenade am Hagenburger Kanal aus. Der Fußweg vom Parkplatz am Hagenburger Kanal beträgt etwa 400 Meter.

Von beiden Plätzen kann man natürlich auch andere Tiere sehen. So ziehen die Kormorane in langen Ketten von ihrem Ruheplatz am Ufer des Naturschutzgebietes Hagenburger Moor zur Fischjagd vorbei. Kormorane jagen fast ausschließlich in Trupps und werden dabei meist von Möwen belagert, die ihnen oftmals erfolgreich die Nahrung abnehmen. Mit dem Fernrohr lassen sich die vollgekalkten Bäume, die den schwarzen Kormoranen als Ruheplatz dienen, vom Westturm (der Ruheplatz liegt direkt vor dem im Hintergrund emporragenden Kaliberg), sowie von der Strandpromenade in Steinhude aus gut erkennen.

Auf der Wasserfläche selbst sind von November bis April große Schwärme eines anderen Fischjägers zu sehen. Die aus der Ferne schwarzweiß aussehenden Gänsesägermännchen und die schlich-

teren grauen Weibchen mit braunem Kopf nutzen meist die offene Wasserfläche, sind aber auch in der Nähe der Strandpromenaden zu sehen. Der kleinere Zwergsäger kommt dagegen deutlich seltener in die Nähe der von Besuchern häufig frequentierten Uferbereiche. Ihn sieht man am besten von der Beobachtungsplattform nahe der Neuen Moorhütte am Ostende Mardorfs aus. Die Plattform ist im Winter auch ein guter Ort, um Enten zu beobachten. Meist sind es nicht gerade große Mengen von Wasservögeln, aber die Entfernung zu den Tieren ist vergleichsweise gering.
Im Winter sind Wasservögel vom Ostturm aus meist schlechter zu sehen. Bei Ostwind liegen zwar häufig Trupps in den dann ruhigen Buchten des Ostufers, sie sind aber weit entfernt. Mit ein bisschen Glück sind von hier aus allerdings Bartmeisen zu sehen, die in den Schilfbereichen vor dem Turm nach Nahrung suchen, und auch der Raubwürger fängt hier im Winter Mäuse. Mit etwas mehr Glück fliegt bei geduldigem Warten eine Rohrdommel aus dem Schilf auf. Der seltene, schneeweiße Silberreiher, ein Gast aus Südosteuropa, wird am Steinhuder Meer meist von hier aus beobachtet. Die häufigsten Sichtungen gibt es im Herbst.

Großes Glück hat, wer die Rohrdommel sieht. Vermutlich ist der aufgrund seiner dumpfen Rufe auch Moorochse genannte Vogel am Steinhuder Meer als Brutvogel selten.

Nicht immer sind die Steganlagen so verlassen wie auf diesem Bild, denn das Steinhuder Meer ist ein beliebtes Segelrevier.

THEMEN **INFO**

„Kommen die Aale wirklich aus dem Steinhuder Meer?“

Das ist eine der häufigsten Fragen, die an den Gästeführer gestellt werden. „Jein“ heißt die Antwort. Ein kleiner Teil der in Steinhude verkauften Aale kommt zwar tatsächlich aus dem Steinhuder Meer, ist aber nicht auf natürlichem Wege dorthin gelangt. Denn Aale laichen nur in der Sargassosee im Westatlantik vor Nordamerika ab. Der Nachwuchs wird dann über den Golfstrom an unsere Küsten gebracht, verwandelt sich hier innerhalb kurzer Zeit in durchsichtige Glasaale und wandert dann die Flüsse hinauf.

Heute hindern allerdings unüberwindbare Wehre die Fische daran, bis ins Steinhuder Meer zu gelangen. Stattdessen werden die etwa sechs Zentimeter messenden Glasaale bereits an den europäischen Küsten gefangen und dann direkt oder zu „Satzaalen“ herangezogen im Steinhuder Meer ausgesetzt. Einige Jahre später werden sie wieder gefangen und verarbeitet.

Die meisten Aale allerdings, die über die Ladentheke gereicht werden, werden schon im verkaufsfähigen Alter angeliefert. Nach Angaben der Fischer (HAZ-Archiv) sind es etwa 85 bis 95 Prozent. Einige Händler kaufen sogar sämtliche Aale ein. Übrigens: Der verkaufte Aal heißt ja auch nicht „Steinhuder Meer Aal“, sondern „Steinhuder Rauchaal“! Eben weil die Aale dort geräuchert und nicht gefangen werden.

Geräucherter Aal ist eine typische Spezialität am Steinhuder Meer. Der Aal wurde allerdings nur in den seltensten Fällen im Steinhuder Meer gefangen.

Wie man sich bettet, so schwimmt man...

Der See als Schlafplatz

Das Steinhuder Meer ist in Deutschland eines der wichtigsten Schlafgewässer für Möwen. Die meisten fliegen abends ein und übernachten auf der freien Wasserfläche. Im Herbst und Winter können es Tausende sein. Möwen erfreuen sich unter den Ornithologen einer steigenden Beliebtheit, weil hierzulande immer häufiger seltene Arten aus Osteuropa, Asien und sogar Nordamerika beobachtet werden.

Leider sind die Möwen am Steinhuder Meer oft sehr weit draußen auf dem See und schwer voneinander zu unterscheiden. Ornithologische Seltenheiten sind meist nicht ausfindig zu machen. Die Steganlagen an der Steinhuder Promenade bieten den Möwenfreunden aber immer wieder eine gute Gelegenheit, neben den häufigen Lach-, Sturm- und Silbermöwen und den regelmäßig in geringer Zahl anwesenden Mantel- und Heringsmöwen auch die südeuropäischen Mittelmeerweißkopfmöwen und die in Südosteuropa brütenden Steppenmöwen in allen Altersstufen zu sehen. Abgelesene Vogelringe zeugen von der Herkunft der Möwen. Eine Silbermöwe aus Dänemark, eine Lachmöwe aus Finnland und eine Mittelmeerweißkopfmöwe aus Italien sind nur einige Beispiele für die Wanderfreudigkeit dieser Wasservögel.

Häufige Gäste auf dem Steinhuder Meer sind Lachmöwen. Ihr schokoladenbraunes Kopfgefieder tragen sie allerdings nur zur Brutzeit.

Der Meerbruch

mit den Meerbruchswiesen

Die Uferschnepfe ist in den Meerbruchswiesen mittlerweile sehr selten geworden. Vielleicht kann sie durch Wiedervernässungsmaßnahmen gerettet werden.

Vogelzug am Steinhuder Meer

Wanderer zwischen den Kontinenten

Ein großer schwarzer Vogel mit keilförmigem Schwanz fliegt in etwa 40 Meter Höhe über die Meerbruchswiesen. Ein wiederholtes wohlklingendes „Kroah" verrät, dass es sich um einen Kolkraben handelt. Jetzt, Mitte April, durchstreift er sein Revier auf der Suche nach Nahrung für seine Jungvögel. Plötzlich steigen mehrere kleinere Vögel laut warnend aus den Wiesen auf und attackieren den Kolkraben, der den Angriffen mit wendigen Flugmanövern geschickt auszuweichen versteht. Es sind die gerade aus Afrika eingetroffenen grazilen Uferschnepfen, die den vermeintlichen Feind verjagen wollen. Hier auf den nassen Wiesen im Zentrum der Meerbruchswiesen werden sie in Kürze zu brüten beginnen. Doch schon jetzt machen sie ihren Anspruch dem ernst zu nehmenden Gegner gegenüber deutlich. Mittlerweile haben sie Verstärkung durch drei Kiebitze bekommen, deren Weibchen bereits seit zwei Wochen brüten. Vereint gelingt es den Angreifern, den Kolkraben zu vertreiben.

Bereits im späten Winter beginnt am Steinhuder Meer die Heimkehr der Zugvögel. Zu den in den meisten Jahren überwinternden Kiebitzen, Wiesenpiepern und Staren gesellen sich ab Mitte Februar der Große Brachvogel, die Feldlerche und die Misteldrossel. Singdrossel, Schwarzkehlchen, Zilpzalp, Rauchschwalbe und Bachstelze folgen im März. Die größte Zahl der so genannten Sommervögel trifft bei günstigen Wetterlagen im April ein. Jetzt sind fast täglich neue Arten zu sehen. Schlagartig besiedeln Schafstelze, Braunkehlchen, Nachtigall, Dorngrasmücke und Tüpfelsumpfhuhn die Meerbruchswiesen. Im Mai schließlich, wenn die ersten Jungvögel der Stare bereits die Nester verlassen haben, erreichen Pirol, Sumpfrohrsänger und Karmingimpel das Steinhuder Meer. Als letztes treffen Mitte Mai oder in manchen Jahren erst im Juni die Wachtel und der Wachtelkönig ein.

Der Vogelzug ist durchaus kein Ereignis, das sich nach strikten Regeln von Jahr zu Jahr wiederholt. Ganz im Gegenteil. Beispielsweise bestimmt die Großwetterlage wesentlich den Vogelzug. Ungünstige Winde oder regnerisches Wetter mit bewölktem Himmel kosten zu viel Energie oder erschweren die Orientierung auf dem Heimweg. So variieren die Erstbeobachtungsdaten von Jahr zu Jahr um bis zu mehrere Wochen, meist jedoch nur um wenige Tage. Ersten, frühzeitig eintreffenden Pionieren einer Art folgt die Hauptmenge der Brutvögel einige Tage später. Während der Zugzeit sind die Brutvögel des Naturraumes Steinhuder Meer oft von Artgenossen begleitet, die jedoch nach mehrtägiger Rast ihren Weg nach Norden fortsetzen, um beispielsweise in Skandinavien zu brüten.

Die ganze Dynamik des Zuggeschehens ist damit noch lange nicht erklärt. Vögel wie die Kiebitze, die in milden Wintern in den Meerbruchswiesen zu sehen sind, werden oftmals von zuziehenden Artgenossen abgelöst, wenn die Überwinterer wieder nach Norden ziehen. Auch wenn wir Mäusebussarde, Kiebitze und Graugänse ganzjährig sehen können, spielt sich vor uns unbemerkt ein Individuenaustausch ab, wie sich an beringten Vögeln feststellen lässt.

Ein gutes Beispiel ist die Graugans mit dem blauen Ring ZIX. Sie erhielt den Ring im Jahr 1994 schon als Jungvogel, und zwar an ihrem norwegischen Geburtsort. Im Oktober des selben Jahres hielt sie sich in den Niederlanden auf, anschließend entdeckten Beobachter sie im Februar 1995 bei Penkefitz an der Elbe. Die Spur verlor sich bis zum September 1995, als die Gans mehrfach in Dänemark (Filsö) gesehen wurde. Darauf folgten Beobachtungen aus den Niederlanden und vom Dümmer bis ZIX dann im Februar 1996 über mehrere Tage in den Meerbruchswiesen lebte. Während im folgenden Frühjahr zahlreiche Artgenossen am Steinhuder Meer brüteten, zog die beringte Graugans zusammen mit Artgenossen noch im Februar 1996 ab, um - vielleicht - in Skandinavien zu brüten.

Der Weißstorch nutzt den Futterreichtum in den Meerbruchswiesen.

Das Jahr im Meerbruch

Ein Erlebnis besonderer Art

„Hart an den Ufern des Sees selbst ist ihrer überaus sumpfigen Beschaffenheit wegen eine solche Rundreise [um das Steinhuder Meer] kaum überall möglich. Man findet die gangbaren Pfade, wie ich sagte, nur in einigem Abstande. [...] Anfänglich bieten die kahlen Wiesen noch einen guten Graswuchs und einen festen Untergrund dar. Weiter seewärts werden sie immer schilfiger, moosiger und schwankender. Zuweilen läuft man über kleine Strecken eines schwammartigen Moosfilzes, der indes wieder mit nur begrasten Strichen vermischt ist. Immer deutlicher gewahrt man, daß der Boden unter den Füßen zu schwanken und zu zittern beginnt, und am Ende wandelt man nur noch auf einem dünnen Grasteppich, welcher Wasser unter sich hat und auf dem See selbst schwimmt. Einige hundert Schritt weit vom Wasserrande wird endlich dieser schwimmende Filz so dünn, daß er unter den vorsichtigen Tritten des Wanderers Wellen schlägt, wie ein im Winde wallendes Tuch."

So beschreibt J. G. Kohl im Jahr 1863 in den Nordwestdeutschen Skizzen einen Spaziergang im Meerbruch südwestlich des Steinhuder Meeres (nachzulesen bei Ochwadt 1967). Bis heute hat sich die Landschaft gewandelt. Viele Bereiche sind durch eine intensive landwirtschaftliche Nutzung eintönig geworden. Auf anderen Flächen, besonders nahe des Seeufers, gaben die Landwirte die unwirtschaftlich gewordene Nutzung auf. Hier wachsen heute wieder Gebüsche und Wälder. Der Jahresverlauf im Meerbruch ist aber auf jeden Fall ein Erlebnis geblieben.

Es beginnt zu blühen

Kaum ist der Schnee geschmolzen, und der Gesang der Feldlerche dominiert für kurze Zeit die Meerbruchswiesen, sprießen auch

Blässgänse sind typische Wintergäste am Steinhuder Meer. Mehrere tausend dieser arktischen Vögel nutzen die Wiesen und Weiden des Naturschutzgebietes Meerbruchswiesen, um hier ihre Reserven für den Zug in ihre Brutgebiete aufzufüllen.

Der fleißigste Sänger in den Meerbruchswiesen ist die Feldlerche. Ihr Gesang ertönt bereits im Februar.

Von der B 441 ist der Meerbruch schon von weitem zu sehen.

schon die ersten Blüten. Die Kätzchen der Weiden sind unscheinbar, doch verraten die ersten brummenden Hummeln ab Mitte März den Standort ihrer Nahrungsquelle. In den Randbereichen der Feuchtwiesen, wo Gehölze dominieren, finden wir das kräftig gelb blühende Scharbockskraut, oftmals dicht an dicht zusammen mit dem weiß blühenden Buschwindröschen. Besonders häufig sind diese beiden Blumen am Rande des Rundweges am Schlosspark Hagenburg. Im Süden des Gebietes gibt es eine weitere Pflanze, die uns - ihrem Namen entsprechend - recht früh im Jahr mit ihren ebenfalls weißen Blüten überrascht. Es ist der Märzenbecher, der am Winzlarer Grenzgraben nahe der Ortschaft Winzlar in dichten Beständen wächst.

Anfang April finden wir einen echten Feuchtwiesenbewohner unter den Pflanzen in den sumpfigen Bereichen am Wegrand und auf nassen Wiesen, die Sumpfdotterblume mit ihren besonders leuchtenden gelben Blüten. Sie blüht lange, sodass die gelben Tupfen selbst Ende Mai noch im Erlenbruchwald am Beobachtungsturm zu sehen sind.

Ab Mitte April blühen dann Schlehen und Vogelkirschen am Rande der Meerbruchswiesen. Die Blütentrauben der Frühblühenden Traubenkirschen setzen dagegen hübsche, weiße Akzente in den feuchten Gebüschbereichen. Bei ihnen handelt es sich im Gegensatz zur Spätblühenden Traubenkirsche, die aus Nordamerika eingeführt wurde und sich in den Meerbruchswiesen vor allem entlang der Wege ausbreitet, um einheimische Bäume.

Auf den trockeneren Wiesen dominiert jetzt ebenfalls die gelbe

Der Kriechende Hahnenfuß blüht im Mai. Dann bestimmt das Gelb seiner Blüten die Farbe der Wiesen.

Farbe, denn der Löwenzahn mit seinen Blüten ist eine allgegenwärtige Pflanze auf nährstoffreichen Standorten. Im Mai dagegen, wenn der Löwenzahn weitgehend ausgeblüht hat und die Samen zu „Pusteblumen" reifen, wechseln zwar die blühenden Pflanzen in den Meerbruchswiesen, nicht jedoch die dominierende Farbe. Jetzt wächst hier der Kriechende Hahnenfuß in großer, aber von Jahr zu Jahr stark schwankender Zahl auf dem feuchteren Grünland. Wegen der gelben Blütenfarbe werden je nach Region Sumpfdotterblume, Löwenzahn oder Hahnenfuß auch als Butterblume bezeichnet. Gelbe Blüten haben im übrigen auch eine wichtige Funktion für die Uferschnepfe, denn deren Küken fressen kleine Insekten, die wiederum von gelben Blüten angelockt werden. Ohne diese wäre der Bruterfolg der Uferschnepfen fraglich.

Weidenkätzchen im Sonnenuntergang.

Auf den Ackerflächen am Rundweg bietet die Rapsblüte im Frühling einen farbenprächtigen Anblick.

Der Mai ist der blütenreichste Monat in den Meerbruchswiesen. Neben den unscheinbar blühenden Gräsern - der Wiesenfuchsschwanz ist in der Regel eines der ersten - sind auf leider nur noch wenigen

Wiesen die rosafarbenen Blüten der Kuckuckslichtnelke zu sehen. Am Wegrand dagegen sind die auffälligen Dolden des Wiesenkerbels Anziehungspunkt für eine Vielzahl von Insekten. Bei genauem Hinsehen erkennen wir orangerote Weichkäfer, mehr und weniger gestreifte Schwebfliegen und bunt glitzernde Fliegen.
Im Sommer blüht an den Wegrändern, besonders am Heudamm zwischen der Ortschaft Winzlar und dem Vogelbiotop, das rosafarbene Schmalblättrige Weidenröschen, das hier mit dem Rainfarn, einem Korbblüter, dessen kleine, gelbe Korbblüten doldenartig angeordnet sind, vergesellschaftet ist.

Die auffälligsten Bewohner

... der Meerbruchswiesen sind zu allen Jahreszeiten die Vögel. Das Steinhuder Meer und seine angrenzenden Lebensräume sind ein Brut-, Rast- und Überwinterungsgebiet von herausragender Bedeutung. Hier in den Meerbruchswiesen stellen die Feuchtwiesenbewohner das Gros der Vögel. Viele von ihnen sind durch die anhaltende Vernichtung des artenreichen Feuchtgrünlandes auf die „Rote Liste der gefährdeten Tierarten" geraten.
In den Meerbruchswiesen finden sie noch einen Lebensraum: Brachvogel, Kiebitz, Uferschnepfe und Bekassine. Einige dieser als Wiesenlimikolen bezeichneten Arten haben hier eines ihrer südlichsten Vorkommen in Niedersachsen. Weitere, in der Regel weniger auffällige, aber ebenso bestandsbedrohte Feuchtwiesenbewohner unter den Vögeln sind Löffelente, Knäkente, Braunkehlchen, Schwarzkehlchen, Wiesenpieper und Schafstelze. Mit viel Glück ist das zweisilbige Schnarren des Wachtelkönigs zu hören, der meist in den Abendstunden, gut versteckt in der hohen Vegetation, seinen Ruf hören lässt. Diese Vogelart ist sogar weltweit vom Aussterben bedroht. Sie und die anderen Arten, die teilweise in erstaunlicher Häufigkeit die Feuchtwiesen hier westlich des Steinhuder Meeres besiedeln belegen die große Bedeutung der Meerbruchswiesen für den Vogelschutz und ihre Attraktivität für naturinteressierte Besucher.
Aber nicht nur für Vögel ist der Meerbruch eine wertvolle Oase. Unter den Amphibien zählen Erd- und Kreuzkröte, Moor-, Wasser-, Teich- und Seefrosch, Knoblauchkröte, Teich- und Kamm-

Der Kiebitz ist ein Charaktervogel nasser Wiesen und Weiden.

molch zu den Bewohnern. Von ihnen ernähren sich Ringelnattern, die sich morgens auf den Wegen sonnen. Eine nur am Rande des Gebietes vorkommende Reptilienart ist die Zauneidechse, die ihre Eier in sandigen Böden ablegt. Ihr begegnet man gelegentlich auf dem Weg zum Beobachtungsturm an der nördlichen Geestkante. Die Waldeidechse dagegen bevorzugt feuchteres Gelände und ist in geringer Siedlungsdichte in verschiedenen Bereichen zu finden. Sie ist übrigens ovovivipar, das heißt, dass die Jungtiere während der Eiablage schlüpfen. Die kleinen, etwa fünf Zentimeter messenden Jungeidechsen beider Arten sind ab August zu sehen.
Aber auch größere Tiere bekommt der aufmerksame Besucher hier zu Gesicht. Rehe, Hasen, Füchse und Hermeline sind überall häufig zu sehen, meist allerdings früh am Morgen. Um Wildschweine zu beobachten, benötigt man schon ein wenig Glück, denn tagsüber ruhen sie meist versteckt in den Gebüschen und Waldbereichen. In den Gräben ist dagegen auch tagsüber der aus Nordamerika stammende Bisam leicht zu finden. Gute Beobachtungsmöglichkeiten ergeben sich vor allem am Südbach, an dessen Ufer der Rundweg im Süden der Meerbruchswiesen stellenweise entlang führt.

Der aus Nordamerika eingeführte Bisam, fälschlicherweise auch Bisamratte genannt, besiedelt die Gräben im Meerbruch.

THEMEN **INFO**

Die kleine Kreuzkröte – ein Pionier auf der Roten Liste

Manchmal schon Ende März, gewiss aber im April, ist nach Einbruch der Dämmerung in den Meerbruchswiesen ein Trillern (ärr...ärrr...ärr...) zu hören. Bei Windstille sogar noch aus zwei Kilometern Entfernung. Bei dem Rufer handelt es sich um die Kreuzkröte, die unter den zehn in den Meerbruchswiesen lebenden Amphibienarten zu den kleinen Kostbarkeiten des Gebietes gehört, denn sie wird heute in der Roten Liste der gefährdeten Amphibien Niedersachsens aufgeführt. Heute ist die kleine, warzige Kröte mit dem gelben Längsstreifen fast nur noch in Bodenabbaugebieten zu finden. Ihr ursprünglicher Lebensraum waren die von einer hohen Dynamik geprägten Flussauen, in denen durch Umverlagerung von Schotter und Sand viele kleine vegetationslose Gewässer entstanden.

Ein heimlicher Bewohner der Meerbruchswiesen ist die Kreuzkröte. Ihre weit reichenden Rufe sind vor allem nachts zu hören.

An diese Lebensräume sind die Kreuzkröten im besonderen Maße angepasst. Beispielsweise benötigen sie keine Pflanzen, um ihre Laichschnüre aufzuhängen wie die Erdkröte, und wandern nicht zu ihren Geburtsgewässern wie ihre größere Verwandte, denn diese wäre bei Erlangen der Geschlechtsreife nach etwa zwei Jahren ohnehin in der Dynamik der Flussauen verschwunden. Kreuzkröten haben eine lange Laichzeit (von April bis August) und ihre Kaulquappen sind wärmetolerant und haben eine besonders kurze Entwicklungszeit, weil die häufig sehr kleinen Laichgewässer schnell austrocknen. Die Kreuzkröte ist somit der wahre Pionier unter den Kröten.

Was aber machen dann die Kreuzkröten in so großer Zahl in den Meerbruchswiesen? Sie besiedeln gern die frisch angelegten Blänken, sind jedoch auch in den bewachsenen Kleingewässern und Blänken, manchmal auch auf den überschwemmten Wiesen zu finden. Biologen konnten schon über 70 um Weibchen werbende Männchen in einem Gewässer beobachten. Es scheint so, dass der in Deutschland für die kleine Kröte weitgehend unbekannte Lebensraum Feuchtwiese durchaus attraktiv ist. Handelt es sich bei den Feuchtwiesen vielleicht um einen Ersatz für (verlorene) Laichplätze in den nur noch kleinflächig vorhandenen Überschwemmungsflächen des Steinhuder Meeres? Sind die Kreuzkröten schon immer hier gewesen? Können sie hier nur existieren, weil die konkurrenzstarke Erdkröte die Feuchtwiesen und ihre sauren Gewässer im Niedermoorboden meidet? Es bleiben noch viele Fragen offen, deren Klärung für den Schutz der kleinen, selten gewordenen Kröte von großer Bedeutung sein können.

Ein typischer Gast im Vogelbiotop ist der in Deutschland vom Aussterben bedrohte Kampfläufer. Wie viele andere Watvogelarten benötigen Kampfläufer die nahrungsreichen Schlammflächen in den Naturschutzgebieten.

Im Vogelbiotop

Schlamm, flaches Wasser und seltene Vögel

Einer der Gründe für die Artenvielfalt bei den Vögeln in den Meerbruchswiesen ist die Verzahnung mit der westlichen Verlandungszone des Steinhuder Meeres. Das mit Schwarzerlen und kleinflächigen Röhrichtbereichen gesäumte Ufer geht im westlichsten Bereich des Sees in das so genannte Vogelbiotop über. Dieser rund 16 Hektar große Flachwasserbereich hat seine eigene Geschichte. Anfang der achtziger Jahre sollten hier Nasswiesen für Wiesenvögel entstehen. Ein Durchstich zum Meerbach ließ die Wiesen, von denen heute noch einige Zaunpfähle zu sehen sind, überfluten. Man hatte die Rechnung allerdings ohne die Sackung des Geländes gemacht. Es gab keine Möglichkeit mehr, das überschüssige Wasser von der Fläche zu bekommen. So entstand an dieser Stelle etwas anderes als geplant: statt Nasswiesen ein ständig überschwemmter Flachwasserbereich, der nur in mehrjährigem Abstand für kurze Zeit trocken fällt. Eine Nutzung erfolgte seit Durchführung der Maßnahme nicht mehr, sodass seit Jahren die freie Vegetationsentwicklung dieses Lebensraumes (Sukzession genannt) zu beobachten ist.

Heute bewachsen Rohrkolben, Schilf und Weidenbüsche große Teile der Fläche, und eine Vielzahl von Tieren nutzt den neu geschaffenen Lebensraum. Es ist der für die Brutvögel zweifellos wertvollste Bereich am Steinhuder Meer. Es sind insbesondere die Schlammflächen, die im Sommer äußerst attraktive Nahrungsflächen für Vögel bieten, welche auf dem Weg in den Süden am Steinhuder Meer ihre Fettreserven auffüllen müssen. Da das Vogelbiotop aufgrund der relativ geringen Größe gut zu überblicken ist, ist

es kein Wunder, dass auch hier die meisten ornithologischen Seltenheiten festgestellt werden.
Die in Süd- und Osteuropa heimische Weißbartseeschwalbe, der ebenfalls dort heimische Rallenreiher sowie Teichwasserläufer, Stelzenläufer und Sumpfläufer sind Beispiele aus der Raritätenliste. Knutt, Sanderling, Kiebitzregenpfeifer und Sandregenpfeifer, Zwergmöwe und Trauerseeschwalbe sind hier in jedem Jahr zu beobachten. Regelmäßige Brutvögel sind Rohrammer, Schilf- und Teichrohrsänger, Knäk- und Krickente sowie Rohrweihe, Wasserralle und Tüpfelsumpfhuhn. In den frühen Morgenstunden sind hier gelegentlich Wildschweine oder Füchse zu beobachten. Selbst Rehe stehen bis zum Bauch im Wasser und fressen von den zahlreichen Wasserpflanzen und Gebüschen des Vogelbiotops.
Den Erlensaum, der das Steinhuder Meer vom Vogelbiotop trennt, bewohnen typische Wald- und Gebüschvögel, wie Garten- und Mönchsgrasmücke, Gelbspötter, Zaunkönig und Rotkehlchen.

Ein Nordseevogel auf Abwegen? Die prächtigen Austernfischer sind oft in den Naturschutzgebieten am Steinhuder Meer zu sehen. Einige Paare brüten nur wenige Kilometer entfernt an der Weser.

Kühe und Rinder werden in den Meerbruchswiesen als Landschaftspfleger gebraucht. Nur mit ihrer Hilfe kann die Kulturlandschaft erhalten werden.

Von der Sense zum Kreiselmäher

Entwicklung der Landwirtschaft

Die potentiell natürliche Vegetation, das heißt die ursprüngliche und nach Nutzungsaufgabe sich entwickelnde Landschaft des Meerbruchs, ist fast überall der so genannte Walzenseggen-Erlenbruchwald. Nachdem schon im Mittelalter die Bäume gerodet wurden, konnte das Gebiet als Grünland genutzt werden. Gemäht wurde mit der Sense. Das aufgrund der Nässe erst spät im Jahr gewonnene Heu verwerteten die Kleinbauern meist als Stalleinstreu.

Erst nachdem im Jahr 1959 umfangreiche Entwässerungssysteme angelegt wurden, war es möglich, die Wiesen früher und häufiger zu nutzen, mit schlimmen Folgen für die Tierwelt. Nun konnten die schnell abtrocknenden Wiesen mit Maschinen bereits ab Mitte Mai gemäht werden, zu einer Zeit, in der beispielsweise die frisch geschlüpften Jungvögel von Brachvogel, Kiebitz und Uferschnepfe vor den immer schneller werdenden Mähgeräten noch nicht flüchten können. Der Bruterfolg dieser und anderer Arten wurde von nun an Jahr für Jahr zunichte gemacht. Die Düngungen führten zu einer hohen Vegetationsdichte und zu Artenarmut, was wiederum ein für Jungvögel ungeeignetes Kleinklima und Nahrungsarmut zur Folge hatte.

Schuldzuweisungen an die Landwirte wären jedoch ungerecht, denn diese sind heute durch die EU-Agrarpolitik dazu gezwungen, durch Nutzungsintensivierung die Produktivität ihrer Nutzflächen ständig zu verbessern. Letztlich sind es die Politik und das Verlangen nach immer billiger produzierten Nahrungsmitteln, die auch am Artensterben schuld sind. Zu Beginn des neuen Jahrtausends ist der Ruf der Uferschnepfe selten geworden. Es brüten nur noch wenige der gefährdeten Feuchtwiesenvögel in den Meerbruchswiesen. Doch wie steht es um den Schutz dieses wertvollen Gebietes?

THEMEN **INFO**

Der Große Brachvogel – Feuchtwiesenbewohner mit einem merkwürdigen Schnabel

Noch im Spätwinter kehrt der stattlichste aller Wiesenvögel aus seinem Winterquartier in das Brutgebiet am Steinhuder Meer zurück. Hier brüten die meisten von ihnen auf dem nassen Grünland im Naturschutzgebiet Meerbruchswiesen westlich des Sees.

Brachvögel gelten in der Regel als besonders standorttreu. Die meisten brüten Jahr für Jahr im selben Gebiet oder in dessen Nähe. Das Nest wird gut versteckt am Boden zwischen den Gräsern angelegt und enthält in der Regel vier Eier, aus denen nach etwa vier Wochen die Küken schlüpfen. Die dunigen Jungvögel verlassen das Nest schon bald nachdem das letzte Geschwister geschlüpft ist. Sie bleiben noch etwa sechs Wochen bei den Eltern bis sie selbstständig sind.

Doch Brachvögel haben ein Problem. Ihre Fortpflanzungsrate bleibt immer mehr unter dem Wert, der für die Erhaltung des Bestandes nötig ist. Und das, obwohl Brachvögel über 20 Jahre alt werden können. In Folge dessen ist der Bestand der Brachvögel in Deutschland und auch anderen europäischen Ländern konti-

Der flötende Ruf des langschnäbeligen Großen Brachvogels dominiert in den Frühlingsmonaten im Meerbruch. Bis zu zehn Paare brüten hier.

nuierlich zurückgegangen.
Wo sind die Ursachen zu suchen? Wie bei vielen anderen Tierarten auch, ist es wieder einmal der Mensch, der für den Rückgang der langschnäbeligen Wiesenvögel verantwortlich ist. Bedingt durch die umfangreichen Entwässerungsmaßnahmen und die Düngung wächst das Gras auf den Feuchtwiesen viel schneller als früher. Noch bevor die Küken aus den Eiern geschlüpft oder flugfähig sind, mäht der Landwirt heute die Wiesen und zerstört dabei zwangsläufig die Gelege der Brachvögel und anderer Wiesenvögel wie Kiebitz und Uferschnepfe. Sollten die Jungvögel rechtzeitig vor dem Mahdtermin geschlüpft sein, werden sie meist von den schnellen Landmaschinen erfasst. Einige Brachvögel legen nach Verlust des Erstgeleges ein zweites Mal. Aber auch die Nachgelege haben keine Chance, denn der Zeitintervall bis zur nächsten Mahd ist heutzutage viel zu kurz.

Das Problem des Brachvogels mit der modernen Landwirtschaft verschärft sich noch durch die Veränderung der Vegetationsstruktur durch Düngung und Entwässerung. Sollten doch einmal Jungvögel schlüpfen und nicht von den Maschinen bedroht sein, müssen sie in den heute viel dichter und höher wachsenden Wiesen zurechtkommen. Doch hier sterben viele Küken an Unterkühlung, weil sie im ständig feuchten Gras leben müssen und sich nicht in Bereichen mit spärlicher Vegetation trocknen können.

Die heutigen Wiesen sind außerdem blütenarm, das heißt, dass durch Düngung und Entwässerung die Gräser gegenüber den Blütenpflanzen immer konkurrenzstärker werden. Insekten, die wichtige Kükennahrung, sind in blütenreichen Wiesen jedoch viel häufiger und fehlen den jungen Brachvögeln in den heutigen Grasäckern. Eine Folge der Entwässerung sind die schnell austrocknenden Böden. Hier können die Brachvögel mit ihren langen Schnäbeln nicht mehr nach Nahrung stochern. Die Nahrungstiere der Brachvögel, die von der Feuchtigkeit im Boden abhängig sind, ziehen sich außerdem mit Sinken des Grundwasserspiegels in die feuchteren, tieferen Schichten zurück und sind für die Vögel nicht mehr erreichbar. Zu guter letzt vermehren sich auf den trockengelegten Wiesen die Feldmäuse in rasanter Geschwindigkeit und ziehen eine große Zahl von „Räubern", meist Fuchs und Hermelin, nach sich, denen dann auch die Gelege der Brachvögel zum Opfer fallen.

Die Aussichten für den Brachvogel sind also schlecht. Es macht aber keinen Sinn, die einzelnen Landwirte oder womöglich gar Fuchs und Hermelin für das Desaster verantwortlich zu machen. Die einzige Möglichkeit, den Brachvogel zu retten, sind komplexe Schutzmaßnahmen, die eine Extensivierung der landwirtschaftlichen Nutzung beinhalten. Wiesen müssen wieder zu Feuchtwiesen werden, indem Gräben zeitweise aufgestaut werden. Mahdtermine sind im Kalender wiesenvogelgerecht nach hinten zu verschieben. Die Düngung muss reduziert werden, und Flachgewässer sind als Nahrungsressourcen anzulegen. Statt Überproduktion an landwirtschaftlichen Produkten mit hohen Folgekosten muss für diese Flächen eine nachhaltige und naturschonende Landnutzung das Ziel der europäischen Agrarpolitik sein. Nur so ist der schöne Brachvogel und sein klangvoller Ruf den nachfolgenden Generationen zu erhalten.

Manni rot-grün-schwarz-blau

Geradezu eine Legende der Meerbruchswiesen ist Brachvogelmännchen Manni. Im Jahr 1980 wurde er von seinem Namenspatron Manfred Kipp im westfälischen Landkreis Borken als noch flugunfähiger Jungvogel als eines von vier Geschwistern beringt. Er bekam damals die Farbringkombination rot-grün am linken Bein und schwarz-blau am rechten Bein, dazu einen Metallring.

Bereits 1995 fiel ein Brachvogel mit Metallring in den Meerbruchswiesen auf. Farbringe trug er jedoch nicht. Drei Jahre später konnte er im Rahmen wissenschaftlicher Untersuchungen gefangen werden und es stellte sich heraus, dass es sich um Manni handelte, der die farbigen Plastikringe zwischenzeitlich verloren hatte. Die bekam er natürlich neu und zwar von keinem anderen als Manfred Kipp, der knapp 18 Jahre nach der ersten Beringung „seinen" Brachvogel in der Hand hielt. In diesem Jahr brütete Brachvogel Manni das erste Mal seit 1994 erfolgreich und zog mit seinem Weibchen drei Jungvögel groß. Auch 1999 war er wieder in den Meerbruchswiesen und war, mittlerweile neunzehnjährig, wieder erfolgreich. Die Ringe scheinen ihm Glück zu bringen.

Letzte Meldung aus dem Jahr 2001: Manni wurde wieder in den Meerbruchswiesen gesichtet, zusammen mit einem Weibchen.

Rettung seltener Arten

Gemeinsame Anstrengungen

Der Meerbruch wurde zusammen mit dem Steinhuder Meer und den östlich angrenzenden Hochmoorbereichen bereits 1976 als Feuchtgebiet von internationaler Bedeutung gemäß der Ramsar-Konvention anerkannt. Seit 1981 ist er als Teil des Landschaftsschutzgebietes „Feuchtgebiet internationaler Bedeutung Steinhuder Meer" ausgewiesen. Die Ausweisung des Naturschutzgebietes Meerbruch und damit ein großer Teil des westlichen Seeufers mit den unmittelbar angrenzenden Flächen erfolgte 1981, weite Bereiche des Feuchtgrünlandes sind seit Dezember 1998 als NSG Meerbruchswiesen geschützt. Der gesetzliche Schutz allein hält das Artensterben allerdings nicht auf.

Aufgrund der großen Bedeutung für den Naturschutz stellte der

Naturpark Steinhuder Meer im Jahr 1988 beim Bundesminister für Umwelt, Naturschutz und Reaktorsicherheit einen Antrag auf Aufnahme einer Teilfläche von rund 1 000 Hektar Größe in das Förderprogramm „Errichtung und Sicherung schutzwürdiger Teile von Natur und Landschaft mit gesamtstaatlich repräsentativer Bedeutung - Gewässerrandstreifenprogramm". Die Anerkennung erfolgte Ende 1989 unter dem Projektnamen „Brut- und Rastgebiet Meerbruch-Steinhuder Meer". Die Sicherung und Wiederherstellung von Lebensstätten für Vogelarten, die auf feuchtes und nasses Grünland angewiesen sind, sowie der Schutz und die Entwicklung der typischen Feuchtwiesenvegetation sind nur zwei der festgeschriebenen Ziele. Für die effektive Zielumsetzung wurden insgesamt rund 700 Hektar Grünland von den Eigentümern gekauft und mit Naturschutzauflagen an Landwirte verpachtet. Sie dürfen die Flächen heute nicht oder nur maßvoll düngen und keine Pflanzenschutzmittel einsetzen.
Wesentliche Biotopgestaltungsmaßnahmen wurden bereits umgesetzt. So sind große Flächen durch den Aufstau von Gräben wieder vernässt und zahlreiche Blänken (Flachgewässer, die im Sommer trocken fallen) angelegt worden. Diese bieten den langschnäbeligen Wiesenlimikolen, wie Brachvogel und Uferschnepfe, eine hervorragende Nahrungsquelle. Außerdem brüten die seltenen Knäk- und Löffelenten sowie Graugänse in den Binsenbeständen einiger Blänken und schließlich zeugen die Froschkonzerte von ersten Erfolgen dieser Maßnahmen.

Auf den wiedervernässten und extensiv genutzten Wiesen blüht der Hahnenfuß in großer Zahl. Auf solchen Wiesen haben Insekten, Amphibien und Feuchtwiesenvögel wieder eine Chance.

Die wissenschaftliche Betreuung des Gebietes erfolgt seit 1994 durch die Ökologische Schutzstation Steinhuder Meer (ÖSSM e.V.). Dadurch wird nicht nur der Bedarf an dringlichen Naturschutzmaßnahmen und das „Wo" und „Wie" ermittelt, sondern es erfolgt außerdem die wichtige Effizienzkontrolle bereits durchgeführter Naturschutzmaßnahmen.

Im Gebiet unterwegs

Winzlar – Tor zum Meerbruch

Die Meerbruchswiesen sind am einfachsten von der Ortschaft Winzlar westlich des Gebietes aus zu erreichen. Hierher gelangt man mit dem PKW von Süden kommend auf der B 441 über Hagenburg, von Norden über Rehburg. Winzlar wird mehrfach täglich auch von Bussen angefahren (Bushaltestelle Winzlar Mitte, Ecke Südstraße). Die Südstraße führt an der idyllischen Dorfmitte mit Parkmöglichkeiten und Vollkornbäckerei vorbei auf den Rundweg,

Kuckucke sind am Steinhuder Meer noch häufig. Sie kommen Mitte April aus ihren Winterquartieren in Afrika zurück.

der auf ca. 30 Kilometer Länge um das Steinhuder Meer führt und ideale Möglichkeiten für eine Fahrradtour bietet. Auf dem Rundweg angekommen, hält man sich links. Nach etwa 200 Metern bilden die Pappeln auf der linken und eine Hainbuchenreihe auf der rechten Wegseite (ein Pappelwäldchen liegt gleich daneben) das „Tor" zu den Meerbruchswiesen.
Wer hier im Frühling und Frühsommer einen Augenblick verweilt, kann beispielsweise die Mönchsgrasmücke, den Gelbspötter und in manchen Jahren auch die Nachtigall hören. Eine kleine Kolonie der Wacholderdrossel und meist auch der Turmfalke brüten in den Pappeln. Abends, kurz nach Sonnenuntergang, ist hier sicherlich einer der besten Plätze, um Fledermäuse zu beobachten. Die großen Breitflügelfledermäuse passieren diese Stelle als erste, um von ihren Verstecken in der Ortschaft aus in den Feuchtwiesen und entlang der Baumreihen auf Nahrungssuche zu gehen. Später folgen Zwergfledermäuse und andere Arten.
Der hier beginnende Weg wird als Heudamm bezeichnet. Auf diesem durchqueren wir die Feuchtwiesenlandschaft entlang eines schilfbestandenen Grabens auf der rechten Seite. Hier tummeln sich Rohrammern und Sumpfrohrsänger. Auf der gegenüberliegenden Seite stehen einige Ebereschen und Birken, die von der Dorngrasmücke gern als Singwarte genutzt werden. Auf den Feuchtwiesen selbst suchen Brachvögel mit ihren langen, zerbrechlich wirkenden Schnäbeln nach Nahrung. Ihr lauter, melancholischer Ruf macht uns schon früh auf diese hühnergroßen Vögel aufmerksam. Die Wiesenvögel meiden allerdings die Wegnähe, scheinen jedoch keine Scheu vor den Rindern zu haben. Trotzdem brüten sie auf den beweideten Flächen nur selten. In Jahren mit hohem Frühjahrswasserstand brüten Kiebitze auf den Wiesen entlang des Heudammes, in der Regel jedoch in größerer Entfernung. Die balzenden Vögel mit ihren riskant erscheinenden Flugmanövern sind jedoch von März bis Mai regelmäßig auch in Wegnähe zu sehen.

Wasser ist Leben

Auf der Brücke über den Südbach angekommen, haben wir in Nordrichtung einen guten Blick auf eine Blänke. Das extra für die Vögel angelegte Flachgewässer zieht vor allem Kiebitze und Brachvögel zu einem Zeitpunkt an, in dem die Wiesen im Jahresverlauf bereits schon trockener geworden sind. Hier im Schlamm finden sie auch dann noch Nahrung, wenn die trockene und harte Bodenoberfläche der Wiesen für die zerbrechlichen Brachvogelschnäbel undurchdringbar geworden sind. Im Sommer ist das Gewässer ausgetrocknet, und nun helfen Kühe, die Vegetation in diesem Flachgewässer zurückzudrängen. Im Frühling baden hier oftmals Graugänse und lassen sich von dem Besucher, der vom Weg aus beobachtet, nur selten stören.

An dieser Stelle lohnt sich auch ein Blick in den Südbach, der hier völlig geradlinig die Wiesenlandschaft durchquert und leider auch entwässert. Im Sommer wächst im Gewässerbett des Südbaches vor allem das Pfeilkraut. Und tatsächlich, während die Unterwasserblätter dieser Pflanze eher einem breitblättrigen Gras ähneln, gleichen die aus dem Wasser ragenden Blätter einer Pfeilspitze. Darauf sitzen häufig Libellen, meist die Männchen der Gebänderten Prachtlibelle, und wachen über ihr Revier. Zwischen der Bachvegetation schwimmen Schwärme kleiner Fische. Häufig sind Rotfedern, Rotaugen und vor allem Dreistachelige Stichlinge zu sehen.

Das überhängende, üppig wachsende Rohrglanzgras am Ufer bietet dem Bisam einen idealen Schutz und seine Baue im Ufer sind besonders bei niedrigem Wasserstand im Sommer auffällig. Das

Das so genannte Vogelbiotop am Westufer des Steinhuder Meeres entstand in den achtziger Jahren durch den Überstau von eigens angekauften Weideflächen.

Rohrglanzgras ist auch der Lebensraum der kleinen Zwergmaus, eines unserer kleinsten heimischen Säugetiere. Sie baut ihre kugelförmigen Nester bis zu einem Meter hoch über dem Boden in dichte Rohrglanzgrasbestände. Die Zwergmaus zu Gesicht zu bekommen, wäre allerdings schon Zufall. In dem kleinen Graben, der hier an der Brücke in den Südbach mündet befindet sich auch einer der zahlreichen Staue, die im Frühling dafür sorgen, dass Wasser auf den Wiesen steht und den Feuchtwiesenbewohnern somit einen Lebensraum bietet.

Aus den Beobachtungshütten am Vogelbiotop können Besucher seltene Vogelarten beobachten - ohne selbst zu stören.

Aus dem Versteck ...

Nach weiteren rund 200 Metern erreichen wir das Vogelbiotop, das Kernstück des Naturschutzgebietes Meerbruch (siehe auch Kapitel „Einmal rund ums Steinhuder Meer“). Eine Schautafel am Eingang des so genannten Erlebnispfades zeigt einige der Tierarten, die hier zu sehen

Auch der Winter hat seinen Reiz: Dezemberstimmung in den Meerbruchswiesen.

und zu hören sind. Gleich daneben führt der Erlebnispfad an Fahrradparkplätzen vorbei zu zwei Beobachtungshütten, von denen man zu jeder Jahreszeit einen hervorragenden Blick in den Flachwasserbereich des Vogelbiotops hat.

Insbesondere im April sind von hier aus die Balzspiele verschiedener Entenarten zu beobachten und das Blubbern großer Moorfroschgruppen zu hören. Wenige Wochen später führen Kiebitze und Flussregenpfeifer ihre Jungvögel vor unseren Augen durch das flache Wasser und über die freigefallenen Schlickflächen. Mittlerweile bemühen sich tausende der grünen Teichfrösche um die Gunst der Weibchen. Während des Vogelzugs im Sommer bevölkern die verschiedensten Watvögel die immer größer werdenden Schlickflächen, um sich Fettreserven für den Weiterzug in ihre Winterquartiere anzufressen.

In trockenen Jahren fällt das Vogelbiotop trocken und wächst mit typischen Pflanzen der Schlammfluren zu, zum Beispiel dem Zweizahn. Das Austrocknen in mehrjährigen Abständen ist für die Lebensgemeinschaft im Vogelbiotop von großer Bedeutung, denn ohne dieses Ereignis würde der Flachwasserbereich von Fischen besiedelt werden, die, den Froschlaich fressend, die riesige Amphibienpopulation bald auslöschen würden.

Folgen wir dem Weg, erreichen wir nach wenigen Minuten einen Beobachtungsturm, der direkt am Ufer des Steinhuder Meeres steht. In etwa 1,8 Kilometer Entfernung vom Westufer liegt die Inselfestung Wilhelmstein (siehe Themeninfo „Der Wilhelmstein"). Auf der Seefläche selbst sind zu allen Jahreszeiten zahlreiche Wasservögel zu sehen, es sei denn, der See ist im Winter zugefroren. Besonders im Herbst und Winter, wenn sich tausende Vögel auf dem Steinhuder Meer tummeln, ist dieser Beobachtungsturm der beste Beobachtungsplatz am See, da hier die Wasserfläche bei den meist vorherrschenden Westwinden am häufigsten im Windschatten des Ufers liegt. Allerdings ist eine gute Optik-Ausrüstung, zumindest aber ein Fernglas unbedingt nötig. In südöstlicher Richtung ist vor der Kulisse des Kaliberges von Bokeloh mit dem Fernrohr der Ruheplatz der Kormorane zu sehen. Am Ufer beidseitig

des Turms lassen sich gelegentlich die scheuen Wasserrallen blicken. Meist verraten sie sich jedoch nur durch ihre brummenden und quiekenden Rufe. Ein regelmäßiges, aber selten zu beobachtendes Spektakel spielt sich ab, wenn der König der Lüfte, der Seeadler, über dem Bruchwaldstreifen am Seeufer auftaucht und die Vogelmassen von der Wasserfläche aufscheucht.
Von Fahrradparkplatz und Infotafel aus führt der Rundweg auf den Heudamm an der Westseite des Vogelbiotops vorbei nach Norden. Auf den Feuchtwiesen kann man von März bis Juni die Uferschnepfen beobachten, die hier in geringer Zahl brüten. Oftmals überfliegen sie den Heudamm, um im Vogelbiotop nach Nahrung zu suchen. Eine kleine Beobachtungsplattform macht es möglich, den langbeinigen Watvogel dort oder in den Blänken auf der anderen Wegseite zu beobachten. Im April gesellen sich oft auch die kleineren Kampfläufer oder die größeren Brachvögel dazu. Dies ist auch der Bereich der Meerbruchswiesen, in dem in den Jahren 1996 bis 2001 das Brachvogelmännchen „Manni" zu sehen war (siehe Themeninfo „Der Große Brachvogel - Feuchtwiesenbewohner mit merkwürdigem Schnabel").

Ein kleiner typischer Wiesenvogel, der besonders artenreiche Weg- und Grabenränder besiedelt, ist das Braunkehlchen.

„Tatort Meerbachbrücke" – oder doch nur Fische?

Nach einem Kilometer erreichen wir die Meerbachbrücke, die in dem Kriminalroman von H. Brieden mit dem Titel „Totes Moor" Tatort eines Mordes war. In der Realität ist dieser Ort eher eine gute Gelegenheit, sich mit der Fauna und Flora eines vergleichsweise natürlichen Gewässers vertraut zu machen, denn alle anderen Gräben und Bäche sind begradigt und deren Lebensgemeinschaft

Der Meerbach führt überschüssiges Wasser aus dem Steinhuder Meer ab und durchquert die Meerbruchswiesen. Das naturnahe Gewässer beherbergt eine Vielzahl von Tier- und Pflanzenarten.

stark verarmt. Nicht jedoch in dem meist träge dahin fließenden Meerbach, der das überschüssige Wasser des Steinhuder Meeres nach Westen ableitet.
Im Wasser stehen zahlreiche Fische, auf die der Eisvogel von den Weiden am Ufer aus Jagd macht. Teichhühner verstecken sich in der dichten Ufervegetation aus Seggenbulten. Aus den Weidenbüschen erschallt von Mitte April bis Anfang Juni der volle Gesang der Nachtigall. Ist das Steinhuder Meer im Winter zugefroren, sind auf dem Meerbach häufig Zwerg- und Gänsesäger zu sehen, die hier ihre Nahrung suchen.
Weiter nach Norden führt uns der Weg wiederum durch Feuchtwiesen hindurch bis an die Geestkante. Hier sind in manchen Jahren die bunten Braun- und Schwarzkehlchen zu beobachten, die meist Zaunpfähle oder exponierte Zweige von Brombeersträuchern als Ansitzwarte für ihre Jagdflüge nach Insekten benutzen.
An der Geestkante steht ein weiterer Beobachtungsturm mit Blick auf einen Teich. Im Mai sind hier die trillernden „Gesänge" der Kreuzkröten zu hören. Der „Gesang" setzt meist nur an warmen Tagen und erst nach Sonnenuntergang ein. Vom Turm aus ist dieses akustische Spektakel bequem zu genießen. Oft sind nach Einsetzen der Dunkelheit kleine Fledermäuse zu sehen, wie sie knapp über die Wasserfläche hinweg fliegen. Es handelt sich meist um Wasserfledermäuse, die ihre Quartiere in den Baumhöhlen des angrenzenden Waldes nun verlassen haben, um die aus dem Wasser aufsteigenden, frisch geschlüpften Insekten zu fangen.
Wir verlassen das Naturschutzgebiet Meerbruchswiesen in Richtung Mardorf und gelangen an die Grenze des Waldes (siehe Kapitel „Die Landschaft nördlich des Steinhuder Meeres"). Hier fallen die zahlreichen braunen Misteldrosseln auf, die im Wald brüten, jedoch auf den Wiesen und Weiden nach Nahrung suchen.
Bei unserem Weg durch die Meerbruchswiesen sind zu allen Jahreszeiten ausgesprochen interessante Beobachtungen zu machen. Das funktioniert jedoch nur, wenn sich alle Besucher an die Spielregeln halten und die Bedürfnisse der Tiere respektieren. Vom Nest aufgescheuchte Vögel verlieren oft ihr Gelege, die oftmals sehr scheuen Gastvögel wie Kraniche und einige Gänse- und Entenarten sind darauf angewiesen, ihre Energiereserven aufzufüllen, wozu sie dringend die geschaffenen Ruhezonen benötigen. Für den Besucher heißt das, dass der Rundweg und die anderen öffentlichen Wege nicht verlassen werden dürfen und Hunde im Naturschutzgebiet ganzjährig an der Leine zu führen sind.

Im Hagenburger Schlosspark führt eine Rhododendronallee von Westen her auf das Schloss zu.

Sehenswürdigkeiten

im und am Meerbruch

Schlosspark Hagenburg

Der teilweise an einen Urwald erinnernde und aus Naturschutzsicht sehr wertvolle Park, der westlich an das Hagenburger Schloss und den Hagenburger Kanal angrenzt, ist für Naturliebhaber zu jeder Jahreszeit einen Besuch wert. Ähnlich einem Baumlehrpfad tragen einige der fremdländischen, aber auch der einheimischen Bäume kleine Schilder mit Artbezeichnung und Herkunft.

Kern des Parks ist eine von Sumpfzypressen eingerahmte Rhododendronallee, die von Westen her auf das Schloss zuläuft. Der alte Baumbestand des Parks beherbergt eine Vielzahl von waldbewohnenden Vogel- und anderen Tierarten. Besonders Höhlenbrüter, wie Trauerschnäpper, Grauschnäpper, Kleiber und Meisen, finden in den zahlreichen Spechtlöchern geeignete Brutmöglichkeiten. Zu den regelmäßig im Park zu beobachtenden Vogelarten gehören außerdem Grünspecht, Großer Buntspecht, Mittelspecht, Kleinspecht und Pirol. Selbst Waldkauz und Mäusebussard brüten im Park. Mönchs- und Gartengrasmücke, Rotkehlchen, Zaunkönig, Zilpzalp und Nachtigall bewohnen den dichten Unterwuchs aus nordamerikanischen Spätblühenden Traubenkirschen und einhei-

Der alte und ökologisch bedeutende Baumbestand im Schlosspark ist eine Heimat für viele Tiere. Ungewöhnlich: Diese Waldkauznestlinge wurden auf einem alten Milanhorst erbrütet.

mischen Frühblühenden Traubenkirschen, Bergahorn und Eberesche. Eichhörnchen sind regelmäßig zu sehen. Am Schlossgraben und am Hagenburger Kanal fischt der Eisvogel und am Waldrand in Wassernähe sonnen sich Ringelnattern. Ab Mai ist bei einem Parkbesuch die Benutzung eines Mückenschutzmittels ratsam.

Moorgarten Hagenburg

Besucher, die einen wagen Eindruck von Hoch- und Niedermoor mit nach Hause nehmen wollen, können bequem auf einem kurzen Holzbohlenweg durch den Hagenburger Moorgarten an der Ostseite des Hagenburger Schlosses schlendern. Ein Teich, der vor allem am Ufer mit einigen verschiedenen Bruchwaldpflanzen bepflanzt ist, stellt ein Niedermoor dar. Hochmoorvegetation ist in einem (zweckmäßigerweise) mit Folie ausgelegten Beet zu sehen.
Leider überwogen bei der Anlage des Moorgartens die gärtnerischen Aspekte an Stelle der „wilden" Realität. Wer ein wirkliches Hoch- und Niedermoor ohne in Reih und Glied gesetzte Baumschulpflanzen erleben möchte, der sollte lieber zum Beobachtungsturm am Ostufer des Steinhuder Meeres bei Großenheidorn laufen und von hier oder von der Neuen Moorhütte in Mardorf aus einen kurzen Spaziergang entlang des Vogeldammes in das Wunstorfer Moor unternehmen (siehe nächstes Kapitel).

Zeugnisse der Eiszeiten: Findlinge im Hagenburger Findlingsgarten.

Findlingsgarten Hagenburg

Der Hagenburger Findlingsgarten ist ein Kleinod für geologisch interessierte Besucher. Hier sind 23 verschiedene Tiefengesteine (Plutonite, wie Granit, Gabbro und Diorit), Ergusssteine (Vulkanite wie Basalt und Porphyr), Umwandlungsgesteine (Metamorphite, zum Beispiel Gneis und Amphibolit) und Sedimentgesteine (Sandstein und Kalksandstein) zu sehen und beschrieben. Der Besuch des Gartens in Mai und Juni wird regelmäßig vom Gesang der Nachtigall begleitet. Der Findlingsgarten liegt hinter der Schule am Sportplatz. Er ist über einen ca. 150 Meter langen Weg vom Moorgarten aus zu erreichen.

Von Moosjungfern,
grundlosen Seen und Torfwüsten – Das Tote Moor

Das baumwollähnlich, weiß fruchtende Wollgras zeigt die nassen Stellen im Hochmoor an.

Hochmoore sind für das kühle, regenreiche Klima in Nordwestdeutschland typisch. Auch in der Region rund um das Steinhuder Meer entstanden an vielen Orten Moore. Allerdings ist die ursprüngliche Gestalt der Landschaft oft nur noch dem Namen zu entnehmen, denn fast alle Moore sind inzwischen entwässert und bewaldet, und nur noch hier und da im Wald verstreute ehemalige Handtorfstiche deuten auf eine frühere Nutzung durch den Menschen hin.
Das Tote Moor östlich des Steinhuder Meeres ist mit rund dreißig Quadratkilometern das größte und am besten zugängliche Moor in der Region. Es entwickelte sich nicht durch Verlandung des Steinhuder Meeres, wie es bei dem Moorgürtel auf der Westseite des Sees der Fall war. Der Untergrund des Moores, der aus eiszeitlichem Sand und Kies besteht, weist ein bewegtes Relief mit Erhebungen – die an einigen Stellen noch heute an die Mooroberfläche treten – und Mulden auf.
In Senken, die von stauenden Schichten unterlagert sind, konnten sich nach der letzten Eiszeit Gewässer bilden, die als Keimzellen der Moorbildung wirkten. Süßwassersedimente, die Hinweise auf ehemalige Seen geben, wurden an verschiedenen Stellen unter

Das Torfprofil zeigt die Geschichte des Moores vom Niedermoor zum Hochmoor.

dem Torf nachgewiesen. Hier wuchsen Röhrichte aus Schilf und Seggen, deren Pflanzenreste die Gewässer schließlich verlanden ließen. In anderen Teilbereichen begann die Torfbildung direkt auf dem sumpfigen mineralischen Untergrund.

Danach entwickelte sich das so entstandene Niedermoor in einen Bruchwald mit Erlen, Weiden und Eichen. In den folgenden Jahrhunderten wuchs das Moor durch Torfbildung in die Höhe und damit aus dem Einflussbereich des nährstoffreichen Grundwassers hinaus, sodass anspruchslosere Pflanzen die Bruchwaldvegetation ablösten, vor allem Birken und Kiefern. In diesem mit Kiefern- und Birkenwald bestandenen Übergangsmoor breiteten sich im damaligen feuchtwarmen Klima Torfmoose aus, die nach und nach eine geschlossene Decke bildeten und die Bäume regelrecht erstickten (siehe Themeninfo „Lebensraum für Hungerkünstler"). Unter verhältnismäßig warmen und feuchten Klimabedingungen bildete sich zunächst eine geringmächtige Decke von stärker zersetztem Schwarztorf, Jahrtausende später dann bei niedrigeren Temperaturen Weißtorf. Im Laufe der Jahrtausende konnte sich so eine mehrere Meter umfassende, an manchen Stellen bis zu acht Meter mächtige Torfschicht entwickeln.

Ein Moorprofil aus dem Ostteil des Toten Moores, das mit Hilfe der C14-Methode datiert wurde und in der Ausstellung im Stationsgebäude der Ökologischen Schutzstation Steinhuder Meer (ÖSSM e.V.) in Winzlar zu besichtigen ist, gibt Aufschluss über die Entstehungszeit des Moores. Die Bildung von Erlenbruchwaldtorf begann an dieser Stelle vor 6700 Jahren, die Hochmoorbildung setzte vor rund 3200 Jahren ein.

Moor und Mensch

Ein nicht ganz unproblematisches Verhältnis

Moore blieben lange Zeit vom Menschen unbesiedelt, da der öden und lebensfeindlichen Umgebung nicht viel abzugewinnen war. Höchstens in kleinem Maßstab wurde Torf als Heizmaterial gewonnen. Hochmoore bildeten deshalb lange Zeit Inseln ursprünglicher Natur, im Gegensatz zur Kulturlandschaft, die sich seit der Sesshaftwerdung der Menschen in der Jungsteinzeit langsam herausbildete. Erst im Lauf der letzten vier Jahrhunderte begann man mit der systematischen Erschließung der norddeutschen Moore,

Das Schwarzkehlchen trägt Futter zu seinen Jungen. Schwarzkehlchen gehören zu den seltenen und bedrohten Moorvögeln.

deren wichtigstes Ziel die Kultivierung bisher ungenutzten Landes war. Auch für das Tote Moor belegen alte Urkunden eine Nutzung seit dem 17. Jahrhundert.

Das noch vor gar nicht langer Zeit Moore als lebensfeindliche Ödnis angesehen wurden, zeigt sich auch an einem Reisebericht, den der Bremer Kaufmann Johann Georg Kohl in seinen „Nordwestdeutschen Skizzen“ (1864) gibt:

„Das Innere des Toten Moores ist eine zwei Stunden lange und breite Wüstenei. Die umliegenden Ortschaften haben seinen Besitz unter sich geteilt. Sie haben hier und da zwischen den Morasten Wiesenstriche, die sie von ihren Rindern beweiden lassen. Sehr merkwürdig sind die kleinen Dünen aus hellem Sand, die hier und da mitten im Moor auftauchen. Noch merkwürdiger sind die äußerst tiefen Bodenlöcher, die darin verstreut sind. Einige von diesen Löchern sind mehr oder weniger versteckt und mit der Oberfläche verwachsen, und in solchen sind zuweilen achtlose Fuhrleute mit Pferd und Wagen versunken und umgekommen. Andere sind mit dunkelbraunem Wasser vollgelaufen und bilden kleine Seen von einigen hundert Schritten im Umfang. Sie sind zuweilen viel tiefer als das Steinhuder Meer, und das Volk gibt sie für unergründlich aus. Einer hat auf unseren Karten den Namen „Grundloser See“. Als charakteristisch für diese wüste Gegend im Osten und Norden des Steinhuder Meeres mag ich schließlich noch den Umstand hervorheben, dass die aus dem Osten Deutschlands zuweilen westwärts hereinbrechenden Wölfe besagten Strich selbst noch in neuester Zeit wild genug gefunden haben, um vorübergehend darin ihre Standquartiere zu nehmen.“

Nach diesen trostlosen Eindrücken ist der Wanderer Kohl offensichtlich erleichtert, wieder bewohnte Landstriche zu erreichen.

Anderthalb Jahrhunderte später hat sich die Situation grundlegend verändert. Ein großer Teil des Moores ist inzwischen durch Abtorfung verlorengegangen, in den verbliebenen Naturschutzgebieten ist vor allem an den Wochenenden ein starker Andrang von Erholungssuchenden zu verzeichnen. Gerade angesichts der großflächigen Zerstörung steht heute das Ziel der Erhaltung des Moores in der öffentlichen Diskussion im Vordergrund.

In solchen Abtorfungsbereichen ist das Tote Moor wirklich tot. Trotzdem wird weiter abgetorft.

Wird das Tote Moor überleben?

Perspektiven

In der Vergangenheit wurde das Tote Moor im Torfstichverfahren abgebaut, zuerst per Hand und später zunehmend maschinell. Während anfangs zumindest noch kleine Flecken Natur zwischen den Stichen übrig blieben, ergab sich durch die seit den siebziger Jahren erfolgte Umstellung auf das so genannte Fräsverfahren eine grundlegende Veränderung, denn bei dieser Methode wird auf großen Feldern die komplette Vegetation samt den oberen Bodenschichten entfernt. Um die Abtorfung durchführen zu können, wird das Moor zunächst durch tiefe Gräben, die teilweise bis in den mineralischen Untergrund reichen, entwässert. Mittels einer Egge wird die abgetrocknete Oberfläche in einer Tiefe von einigen Zentimetern gelockert und danach zu Dämmen zusammengetragen. Die Moorbahn übernimmt schließlich den Abtransport des Materials ins Torfwerk.

Durch diese Abbauweise entstehen großflächig kahle, vegetationslose Torfwüsten, die heute noch das Bild in weiten Teilen des Toten Moores bestimmen. Hinzu kommt, dass Naturschutzauflagen, die die Möglichkeit der „Renaturierung" nach erfolgter Abtorfung sicherstellen sollen, immer wieder gebrochen werden. Stellenweise wird sogar bis in den mineralischen Untergrund hinein abgetorft. Durch die Verletzung der stauenden untersten Torfschichten wird damit eine Wiedervernässung zusätzlich erschwert.

Größere Bereiche der südlichen Hälfte im Toten Moor sind zwar heute unter Schutz gestellt, aber auch die Naturschutzgebiete zeigen nicht den ursprünglichen Zustand des Moores: hier hat sich in vielen Bereichen ein Wald aus Moor-Birken und Wald-Kiefern gebildet. Diese Wälder waren im ursprünglichen Hochmoor nicht zu finden, sondern konnten sich erst aufgrund der Entwässerung des Moores bilden.

Obwohl sie also ein durch Eingriffe des Menschen entstandenes „Degenerationsstadium" bilden, sind sie für den Naturschutz durchaus wertvoll. Das großflächige Vorkommen von verschiedenen Moorwaldtypen und anderen schützenswerten Lebensraumtypen führte dazu, dass auch der Südteil des Toten Moores in das von der Europäischen Union projektierte europäische Schutzgebietsnetz „Natura 2000" aufgenommen wurde. Zusammen mit dem Steinhuder Meer und den westlich davon gelegenen Meerbruchswiesen sowie dem Hagenburger Moor ist er Bestandteil des Schutzgebietes „Steinhuder Meer" (so genanntes „FFH-Schutzgebiet", benannt nach der zugrundeliegenden Flora-Fauna-Habitat-Richtlinie der EU, siehe auch Kapitel „Ökosystem Steinhuder Meer - Schutzmaßnahmen"). Naturschützer kritisieren allerdings, dass das Gebiet auf Grundlage der fachlichen Kriterien der EU noch erheblich größer hätte abgegrenzt werden müssen und unter anderem auch den Nordteil des Toten Moores umfassen sollte.

Um die hochmoortypische Flora und Fauna wiederanzusiedeln, werden bereits seit Jahren Naturschutzmaßnahmen durchgeführt. Wichtigstes Ziel ist die Wiedervernässung, da ein ganzjährig hoher Wasserstand die grundlegende Bedingung für das Wachstum der Torfmoose und der übrigen typischen Vegetation ist. Zu diesem Zweck werden Entwässerungsgräben verschlossen und an verschiedenen Stellen die Wasserstände kontrolliert. Während kleine Bereiche zwischen Liether Damm und Vogeldamm mit relativ geringen Wasserstandsschwankungen als naturnah anzusehen sind, treten besonders in den Randbereichen des Moores stärkere

Die Randbereiche des Toten Moores, wie hier im Süden des Naturschutzgebietes Wunstorfer Moor, sind bewaldet. Birken und Zitterpappeln dominieren.

Das Scheidige Wollgras ist eine typische Moorpflanze. Anders als das ebenfalls häufige Schmalblättrige Wollgras wächst es in Bulten.

Schwankungen auf. Erste Erfolge der Maßnahmen sind jedoch bereits zu verzeichnen, da stellenweise Bäume durch die Wiedervernässung nicht mehr weiterwachsen können oder sogar absterben. Zusätzlich werden in anderen Teilbereichen Gehölze auch mit Maschineneinsatz entfernt („Entkusselung"). Etwas merkwürdig mutet es schon an, wenn an einem Sonnabendmorgen im Winter eine Gruppe von ehrenamtlichen Naturschützern mit Motorsäge und Freischneider dem Wald aus Birken und Kiefern zu Leibe rückt. Der Grund: Die Gehölze entziehen dem Moor viel Wasser und beschatten die lichtliebende, ehemals typische Hochmoorvegetation zu stark, deshalb könnten hier Pflanzen wie der Sonnentau nicht mehr überleben. Fingerspitzengefühl ist hierbei jedoch geboten, da auch der Moorwald durchaus eine Reihe schützenswerter Arten beheimatet. Auch deshalb wird das Arteninventar des Moores ständig überwacht.

Nach Ende der Abtorfung soll auf den derzeit in Abtorfung befindlichen Flächen im zentralen und nördlichen Bereich des Toten Moores wieder eine Hochmoorentwicklung eingeleitet werden. Ein Versuch, industriell abgetorfte Flächen wieder zu „renaturieren", läuft derzeit auf einer großen Fläche im Südosten des Toten Moores, die seit den siebziger Jahren bis 1990 im Fräsverfahren abgebaut wurde. Für die „Renaturierung" wurden Stichgräben verfüllt und verdichtet und Böschungen abgeschrägt, außerdem wurde an den Stellen, wo beim Torfabbau der mineralische Untergrund angeschnitten worden war, Torf aufgebracht. Das Vorhaben stößt je-

Der kleinräumige Wechsel zwischen Wasser und Land macht das Hochmoor zu einem vielfältigen Lebensraum.

Auf wiedervernässten Frästorfflächen siedeln sich einige moortypische Pflanzen an. Von einem intakten Hochmoor oder einer gelungenen Hochmoorrenaturierung kann man allerdings nicht sprechen.

doch auf Probleme, da es aufgrund der starken Wasserstandsschwankungen wenig Aussicht auf eine wirkliche Hochmoorregeneration gibt. Die Vegetationsentwicklung auf der anfangs völlig kahlen Fläche verläuft nur langsam. Immerhin sind inzwischen auch wieder moortypische Pflanzen zu finden, die bisher oft „Monokulturen" bilden wie das großflächig auftretende Wollgras.
Die „Renaturierung" wird vor allem durch öffentliche Mittel finanziert. Träger und Hauptgeldgeber ist der Landkreis Hannover, dem auch ein großer Teil der Flächen gehört; die Weltausstellung beteiligte sich mit einem Zuschuss, denn unter dem Motto „Das Tote Moor soll leben" wurde das Projekt im Rahmen der EXPO 2000 präsentiert. Firmen, die für die Abtorfung verantwortlich sind, erwecken manchmal den Eindruck, als sei die „Renaturierung" eines Hochmoores einfach und nur eine Frage der Zeit, die Abtorfung mithin nur ein zeitlich begrenzter Eingriff ohne bleibende Folgen. Naturschützer, die sich schon lange mit dem Hochmoorschutz beschäftigen, sind nicht so optimistisch. Die hydrologischen Probleme sind jedenfalls beträchtlich: stauende Schichten fehlen oder wurden durchstochen, der Einfluss von Grundwasserschwankungen macht sich bemerkbar. Außerdem sind die lokalen Niederschlagsmengen mit etwas über 600 Millimetern pro Jahr im Vergleich zu anderen Regionen Norddeutschlands relativ gering – das Tote Moor liegt an der Grenze der Regenmoorregion Niedersachsens.

Die Besenheide verwendeten die Moorbauern zum Fegen, daher stammt ihr Name.

Moosbeere, Natternzunge und Wollgras

Ein botanischer Streifzug durchs Moor

Bedingt durch die Abtorfung sind naturnahe Pflanzengesellschaften nur noch kleinräumig anzutreffen, und der Landschaftseindruck erinnert wenig an ein ursprüngliches Hochmoor. Das Tote Moor bietet allerdings nach wie vor vielen moortypischen, seltenen Pflanzen und Tieren einen letzten Lebensraum.
So finden sich in den Naturschutzgebieten noch typische Torfmoosarten wie Mittleres Torfmoos (Sphagnum magellanicum) und Rötliches Torfmoos (Sphagnum rubellum) sowie Pflanzen wie Rosmarinheide, Rundblättriger Sonnentau, Glockenheide, Moosbeere und Scheidiges Wollgras. Die für ein natürliches Hochmoor typischen, durch natürliche Dynamik entstandenen kleinräumigen

Wechsel von hochgelegenen, etwas trockeneren Bulten und tieferliegenden extrem nassen Schlenken fehlen jedoch weitgehend. Die Vegetation der Schlenken mit charakteristischen Arten - Weißes Schnabelried, Mittlerer Sonnentau, Torfmoose wie das Spieß-Torfmoos (Sphagnum cuspidatum) - ist daher vor allem in ehemaligen Torfstichen zu finden, entweder als auf dem Wasser schwimmender Schwingrasen oder bei flacheren Stichen unmittelbar auf dem Torf.

Größere Flächen der Naturschutzgebiete „Ostufer Steinhuder Meer" und „Wunstorfer Moor" werden - durch Pflegemaßnahmen bedingt - von Heidebeständen geprägt. Die Glockenheide gedeiht am besten in feuchteren Bereichen, während stärker entwässerte Flächen vor allem von der Besenheide besiedelt werden. Häufig sind in den Heideflächen auch Heidelbeere, Rauschbeere und Preiselbeere anzutreffen, auch die Krähenbeere kommt vereinzelt vor. Das an stark schwankende Wasserstände angepasste Pfeifengras kann sich vor allem dann in den Heideflächen ausbreiten, wenn der Boden durch Brand oder Torfstich gestört wurde. Es bildet im Toten Moor oft größere, artenarme Bestände, die den Boden dicht bedecken und so die Ansiedlung anderer Arten stark erschweren.

Wenn das entwässerte Moor nicht durch Brand, Torfabbau oder Moorpflege offengehalten wird, stellen sich bald auch Bäume ein, vor allem Sandbirke, Moorbirke und Kiefer. Im Toten Moor entwickelten sich im Lauf der Zeit ebenfalls solche Moorwälder, die vor

Der rostfarben blühende Gagelstrauch ist selten und wächst im Toten Moor nur noch in den Naturschutzgebieten.

Die Glockenheide wächst fast nur noch in geschützten Gebieten.

allem große Teile der Naturschutzgebiete prägen. Je nach dem Grad der Entwässerung beherbergen sie in der Krautschicht mehr oder weniger moortypische, feuchtigkeitsliebende Arten wie zum Beispiel Rauschbeere. Begünstigt durch Moorbrände bildet der Adlerfarn an manchen Stellen dichte Bestände.
Wo das Hochmoor in Niedermoor übergeht, zeigen Zitterpappel und Grauweide etwas nährstoffreichere Böden an. Zu den großen Seltenheiten im Gebiet gehören die stark gefährdeten Zwischenmoorarten Fadensegge und Weichwurz sowie der im Niedermoor vorkommende Kammfarn. Am südwestlichen Rand des Moores befinden sich Grünlandbereiche, die oft handtuchartig im Moorwald liegen und mehr oder weniger extensiv genutzt werden. Hier kommt eine botanische Rarität vor: die Gewöhnliche Natternzunge, eine Farnpflanze, die mit ihren einzeln stehenden Blättern allerdings eher einer Blütenpflanze gleicht. Der Name der Pflanze, die ehemals als Wundheilmittel beliebt war, stammt von den dünnen, zungenartigen Blattabschnitten, die die Sporenbehälter tragen. Die an Moorwiesen angepasste Art ist zusammen mit ihrem Lebensraum im Rückgang begriffen und stark gefährdet. Als weitere bemerkenswerte Arten sind Fadenbinse und Mäuseschwänzchen anzutreffen. Im Spätsommer zeigt auch das Wasser-Greiskraut in den Feuchtwiesen seine auffälligen, gelben Blüten.

Der König der nassen Hochmoore ist zweifellos der Kranich. Ihm und anderen Tieren gelten die Bemühungen des Moorschutzes.

Krickenten, Kreuzottern

und anderen Tieren auf der Spur

Das Tote Moor weist eine Vielzahl von gefährdeten Brut- und Gastvögeln auf. Der Südteil zählt daher zum Feuchtgebiet internationaler Bedeutung Steinhuder Meer und ist zusätzlich als EU-Vogelschutzgebiet ausgewiesen (siehe auch Kapitel „Ökosystem Steinhuder Meer - Schutzmaßnahmen"). Als typische Moorart ist zum Beispiel die Krickente zu nennen, die einen stabilen Bestand aufweist und zahlreich sowohl in den naturnahen Bereichen als auch auf den ehemaligen Frästorfflächen brütet. Durch die Überstauung

Der drosselgroße Ziegenmelker, auch Nachtschwalbe genannt, ist nachtaktiv. Tagsüber ist der am Boden schlafende und gut getarnte Vogel fast nicht zu finden.

von Moorflächen wurden für diese Art gute Brutmöglichkeiten und Nahrungsflächen geschaffen.

Der Baumfalke ist häufig bei der Jagd auf Libellen zu beobachten, die im Zuge der Wiedervernässung ebenfalls vermehrt anzutreffen sind. Als weitere Greifvogelarten können Schwarz- und Rotmilan sowie Wespenbussard beobachtet werden.

In den letzten Jahren häufen sich erfreulicherweise die Beobachtungen von Kranichen nicht nur auf dem Durchzug, sondern auch im Sommer. Eine Brut erscheint daher durchaus möglich, ausgedehnte, sumpfige Moorwälder und Verlandungszonen bieten jedenfalls günstige Brutplätze. Die jungen, erst vor kurzem wiedervernässten Flächen bieten vorübergehend Arten wie dem Flussregenpfeifer eine Möglichkeit zur Brut. Auch Kiebitze besiedelten diese weithin offenen Flächen. Es handelt sich natürlich nicht um dauerhafte Lebensräume, da die zunehmende Entwicklung der Vegetation die Bedingungen verschlechtern wird.

Im Moor brüten noch eine Reihe weiterer Watvögel. Die Bekassine lässt ihren meckernden Revierflug vor allem im Süden des Moores vernehmen. Der Bestand dieser Art hat sich aufgrund der Wiedervernässung wieder leicht stabilisiert. In der Dämmerung sind häufig Waldschnepfen zu beobachten, die in den halboffenen Birkenwäldern einen passenden Lebensraum finden. Wenige Große Brachvögel brüten regelmäßig im Toten Moor.

Auch der Ziegenmelker profitiert offensichtlich vom erhöhten Nahrungsangebot im Zuge der Wiedervernässung. Er ist ein typischer und häufiger Brutvogel der zentralen, offenen Bereiche des Moores und kann an warmen Sommerabenden regelmäßig beim In-

sektenfang über den Moordämmen beobachtet werden.
Interessant ist das zahlenmäßig bedeutende Vorkommen des Grauspechtes, der in Niedersachsen die Nordgrenze seines mitteleuropäischen Verbreitungsgebietes erreicht, bisher mehr oder weniger auf die Mittelgebirge beschränkt war und Moorwälder nicht besiedelte. Nachdem 1994 erstmals eine Brut beobachtet wurde, brüteten entgegen der allgemeinen Abnahmetendenz in Niedersachsen 1998 bereits zehn Paare (siehe Themeninfo „Neu im Moor: der Grauspecht"). Weitere Spechtarten sind Grünspecht, Schwarzspecht und Kleinspecht, die vom zunehmenden Alter der Bäume im Moor profitieren und vor allem in den Randbereichen des Moores zu beobachten sind. Der Wendehals kommt dagegen nicht mehr vor.

Das melancholische Lied der Landschaft

Das melancholische Lied der Heidelerche hört man vor allem dort, wo im Norden das Moor in die sandige Geestlandschaft übergeht. Auch Steinschmätzer sind hier zu finden. Häufig anzutreffen ist das Schwarzkehlchen, das vor allem offene Bereiche mit Moorheide und einzelnen jungen Gehölzen besiedelt und deshalb durch die Entfernung von Bäumen gefördert wurde. Auch im zentralen Bereich des Moores bieten sich trotz Vernässungsmaßnahmen immer noch genügend trockene Flächen für den auffällig gefärbten Vogel, der sich oft auf niedrigen Kiefern bei Ansitz oder Gesang bewundern lässt.
Verschwunden ist dagegen die Sperbergrasmücke, die am Steinhuder Meer zumindest bis in die 90er-Jahre einen westlichen Vorposten ihres osteuropäischen Verbreitungsareals unterhielt. Ausgestorben ist das früher häufig anzutreffende Birkhuhn. Mit viel Glück sind noch Neuntöter und Raubwürger zu beobachten.

Der Raubwürger gehört zu den ornithologischen Kostbarkeiten im Toten Moor. Nur noch wenige Paare dieser bundesweit vom Aussterben bedrohten Vogelart brüten hier.

Amphibien sind vor allem in den Randbereichen des Moores anzutreffen. Das charakteristische Blubbern des Moorfrosches ist zur Laichzeit besonders aus dem Verlandungsgürtel des Steinhuder Meeres zu vernehmen. Während die Art in den letzten Jahren auf der Westseite des Sees aufgrund von Naturschutzmaßnahmen zunahm,

verschwindet sie zusehends aus dem NSG Ostufer Steinhuder Meer. Offenbar macht dem bedrohten Froschlurch die Versauerung seiner Laichtümpel im Zuge des Sauren Regens zu schaffen, denn bei den hier gemessenen niedrigen pH-Werten kann sich der Laich nicht mehr entwickeln.
Von den verbliebenen Fröschen ernährt sich die Ringelnatter, die mit etwas Glück auf den Moordämmen anzutreffen ist. Neben der Ringelnatter kommen auch die anderen fünf in Niedersachsen heimischen Reptilienarten im Toten Moor vor, sodass das niedersächsische Artenspektrum vollständig vertreten ist. Wald- und Zauneidechse besiedeln vor allem die sandigen Dämme und den Nordrand des Moores. Sie sind zwar regelmäßig zu beobachten, die Populationen sind jedoch in vielen Bereichen vergleichsweise klein. Dies stellt Schlingnatter und Kreuzotter vor Probleme: Schlingnattern ernähren sich hauptsächlich von Eidechsen, bei der Kreuzotter sind sie vor allem für die Jungtiere wichtiger Bestandteil der Nahrung. Trotzdem leben beide Arten im Toten Moor, wenn auch selten.

Früher verfemt, heute vernichtet: Die Giftschlange

Gerade die Kreuzotter - die einzige heimische Giftschlange - ist ein typisches Beispiel für die Auswirkungen von direkter Verfolgung und Lebensraumzerstörung durch den Menschen. Die früher in ganz Norddeutschland verbreitete Art wurde in der Vergangenheit systematisch verfolgt. Aufzeichnungen über Fangprämien für getötete Ottern zeigen, dass einstmals große Populationen mit vielen hunderten Tieren existierten. Heute ist die Art vielerorts ausgestorben, und auch im Toten Moor muss man lange suchen, um wenigstens noch einige Tiere zu entdecken.
Für erhebliches öffentliches Aufsehen sorgte vor einigen Jahren die Vernichtung eines der wichtigsten Teillebensräume der Kreuzotter innerhalb des Toten Moores. Die Flächen wurden als Vorbereitung der Abtorfung abgeholzt und der Lebensraum der Art so zerstört. Nach Intervention des Naturschutzes - bis hin zur Einschaltung der Europäischen Kommission - wurde ein Kompromiss gefunden, der immerhin die Bereitstellung eines Ersatzlebensraumes beinhaltete. Dieser Bereich muss sich allerdings erst langsam in einen geeigneten Lebensraum für die Schlangen entwickeln.
Dass es auch anders geht, zeigen die Erfahrungen mit einem kleinen Torfwerk, das sich beim Schutz der Art erheblich kooperativer

zeigt und sogar kleinere Flächen von der Abtorfung ausnimmt. Von hier aus könnte langfristig der Ersatzlebensraum wiederbesiedelt werden.

Durch mehrere Forschungsarbeiten sind in den letzten Jahren viele Informationen zur Lebensweise der Kreuzotter bekannt geworden. Jedes Tier besitzt eine individuelle Zeichnung der Oberseite, an der es wiedererkannt werden kann. Deshalb ist es beispielsweise möglich, die Bewegungen einzelner Tiere zu verfolgen und Aussagen zur Raumnutzung zu machen. Kreuzottern nutzen traditionell bestimmte Plätze, um sich zu sonnen, zu paaren und um zu überwintern. Die Weibchen gebären bei uns in der Regel alle zwei Jahre zwischen 4 und 20 Junge, die häufig von Mitte August bis Mitte September in der Nähe der Winterquartiere abgesetzt werden. Die Eigenschaft, lebende Junge zu gebären, ermöglicht der Art die erfolgreiche Besiedlung kühler Lebensräume, wie sie z. B. die norddeutschen Hochmoore darstellen. Die Orte, an denen sich die Schlangen aufhalten, liegen versteckt abseits der Wege – die Chance, auf eine Kreuzotter zu stoßen, ist also extrem gering. Ohnehin spüren die scheuen Tiere die kleinste Bodenerschütterung und suchen bei Annäherung in der Regel das Weite, ohne dass man sie zu Gesicht bekommt. Bissunfälle ereignen sich nur, wenn eine Schlange getreten oder angefasst wird.

Erheblich öfter als Schlangen sieht man Blindschleichen, die trotz ihres beinlosen und damit schlangenähnlichen Erscheinungsbildes zu den Eidechsen zählen. Die etwas unbeholfene Art hat die Angewohnheit, sich in der Dämmerung auf den Wegen zu sonnen, bevor sie auf die Suche nach Regenwürmern oder Schnecken geht. Nicht selten wird sie deshalb das Opfer unachtsamer Fahrradfahrer, die sie auf ihrem Trimmkurs um das Steinhuder Meer überfahren.

Die Kreuzottermännchen haben, anders als die braunen Weibchen, eine graue Grundfärbung.

Die kräftige Vierflecklibelle ist im Toten Moor regelmäßig zu beobachten. Dieses Tier ist gerade aus seiner Larvenhülle (Exuvie) geschlüpft.

Im Morgentau warten die Männchen der Schwarzen Heidelibelle auf warmes Wetter.

An Säugetierarten konnten neben Wildschwein und Reh bisher z. B. Mauswiesel und Iltis beobachtet werden. Über der Verlandungszone des Steinhuder Meeres und dem Grünland im Südwesten des Moores jagen regelmäßig Fledermausarten wie z. B. Abendsegler, Wasser-, Breitflügel- und Zwergfledermaus.

Es brummt und summt im Moor

Auch die Insektenfauna ist mit zahlreichen Arten vertreten. Extensiv genutztes Feuchtgrünland besiedeln die feuchtigkeitsliebenden Arten Kurzflügelige Schwertschrecke, Sumpfschrecke und Sumpfgrashüpfer. Die trockenen Moordämme bieten dagegen z. B. dem Buntbäuchigen Grashüpfer oder auch der Maulwurfsgrille Lebensraum. Eine typische Art der Moorheide ist die Kurzflügelige Beißschrecke. Der Hochmoor-Bläuling, ein sehr seltener und vielerorts bereits ausgestorbener Moorschmetterling, besiedelt halboffene, windgeschützte Bereiche im Toten Moor und legt seine Eier an Moosbeere, Rauschbeere oder Rosmarinheide ab. Als weitere Schmetterlinge des naturnahen Hochmoores wurden Großer Heufalter, Wollgraseule und Torfmooreule beobachtet. Im Toten Moor wurde auch eine ganze Reihe von Waldschmetterlingen wie beispielsweise der Eichenzipfelfalter nachgewiesen.
Moorkolke, Handtorfstiche und aufgestaute Gräben bilden den Lebensraum einer spezialisierten Libellengemeinschaft mit zahlreichen Hochmoorarten. Die seltene Hochmoor-Mosaikjungfer legt ihre Eier in Torfmoos-Schwingrasen ab, die sich in wiedervernässten Torfstichen oder ähnlichen Gewässern gebildet haben. Erst im Sommer des nächsten Jahres schlüpfen dann die Larven. Die Libellenlarven benötigen dann weitere zwei bis drei Jahre, um sich in dem sauren und nahrungsarmen Moorwasser zum erwachsenen Insekt zu entwickeln. Ganz ähnliche Lebensraumansprüche haben

Torf-Mosaikjungfer oder die wunderschön schwarz-rot (Männchen) oder schwarz-gelb (Weibchen) gezeichneten Arten Nordische Moosjungfer und Kleine Moosjungfer, die im Frühsommer häufig zu beobachten sind.

Der Grauspecht besiedelt das Tote Moor erst seit wenigen Jahren. Ornithologen wundern sich über die Ansiedlung dieser Art, die ansonsten hauptsächlich in den Buchenwäldern der Mittelgebirge lebt.

THEMEN **INFO**

Neu im Moor: der Grauspecht

Die Verbreitungskarten in verschiedenen Büchern beschreiben es: Der Grauspecht besiedelt in Deutschland das Hügelland und die bergigen Gegenden. Seine nördliche Verbreitungsgrenze zieht sich von Sachsen über Sachsen-Anhalt durch Südniedersachsen und Westfalen und ist in etwa identisch mit der Lage der Mittelgebirgsgrenze.

Was machen dann die Grauspechte am Steinhuder Meer, das nördlich dieser Grenze liegt? Hier stellen Wissenschaftler eine erstaunliche Entwicklung hinsichtlich der Lebensraumwahl der in vielen Bundesländern bereits bestandsgefährdeten Art fest. Am Steinhuder Meer hat der Grauspecht im Jahr 1994 erstmalig die Verlandungszone des Sees und angrenzende, stark mit Gehölzen bewachsene Hochmoorbereiche besiedelt.

In den folgenden Jahren balzten Grauspechte an mehreren Stellen. Schließlich konnten im Verlauf des Frühjahres 1999 in den Naturschutzgebieten rund um das Steinhuder Meer mehr als ein Dutzend besetzte Reviere festgestellt werden. Die Bruthöhlen waren meist in Zitterpappeln angelegt worden.

Der Grauspechtkenner wird über die genutzten Lebensräume zunächst verwundert sein. Doch bei genauem Hinsehen finden sich viele Lebensraumstrukturen wieder, die wir auch aus grauspechttypischen Wäldern kennen. Halboffene, trockenwarme Dämme und Torfstichkanten, die das Hochmoor durchziehen, bieten analog zu anderen Saumstrukturen im „klassischen" Grauspechtlebensraum ideale Lebensbedingungen für verschiedene Ameisenarten, der Hauptnahrung des Grauspechtes. Höhlenbäume im etwa zehn- bis dreißigjährigen Baumbestand sind zumeist Zitterpappeln, die auch in Skandinavien die wichtigste Höhlenbaumart für dortige Spechte ist. Diese Bäume finden sich besonders durchmesserstark an den Dämmen im Moor. Auch im Erlenbruchwald mit hohem Totholzanteil und vielen vorgeschädigten Bäumen bestehen gute Möglichkeiten zum Höhlenbau. Der Grauspecht brütet am Steinhuder Meer in

enger Nachbarschaft zu Graugans, Krickente, Schwarzkehlchen oder Teichrohrsänger. Das ist eigentlich schon außergewöhnlich genug. Die hohe Siedlungsdichte der Grauspechte ist jedoch noch erstaunlicher.
Im Jahr 1997 begannen im Wunstorfer Moor intensive Untersuchungen zur Biologie dieser Art, die bereits im ersten Jahr wichtige Ergebnisse brachten. So beobachteten zwei Biologiestudentinnen an drei Bruthöhlen die außerordentlich hohe Zahl von 7 und 8 ausfliegenden Jungvögeln. Im Vergleich mit Daten aus der wenigen vorhandenen Literatur sind das einzigartig hohe Bruterfolge. So fanden Beobachter trotz einer Gelegegröße von meist 7 bis 9 Eiern nie mehr als 4 bzw. 6 flügge Jungvögel. Kein Wunder also, dass sich die Art am Steinhuder Meer, ihr Fortpflanzungspotential offensichtlich optimal ausnutzend, so schnell ausbreiten konnte. Die Wissenschaftler werden die interessante Entwicklung weiterhin im Auge behalten. Wer weiß, vielleicht steht der Grauspecht am Beginn einer neuen Entwicklung. Wir sollten von Anfang an dabei sein.

THEMEN **INFO**

Moore – Lebensraum für Hungerkünstler

Der Rundblättrige Sonnentau mit seinen kochlöffelähnlichen Blättern ...

Moore entstehen, wenn ein Wasserüberschuss die Sauerstoffzufuhr im Boden behindert, damit die Zersetzung abgestorbenen Pflanzenmaterials hemmt und so zur Anhäufung von toter organischer Substanz, dem Torf, führt. Die Gestalt der Moore kann dabei ganz unterschiedlich sein. Grundsätzlich werden Niedermoore und Hochmoore unterschieden. Während Niedermoore (auch als Flachmoore bezeichnet) sich im Bereich des Grundwasserspiegels befinden, wölbt sich die Oberfläche der Hochmoore (Regenmoore) bis zu mehreren Metern über den Grundwasserspiegel auf. Das im Jahresverlauf ausgeglichen kühlfeuchte Klima in Norddeutschland mit geringer Verdunstung ohne längere Trockenperioden fördert das Wachstum von Hochmooren, obwohl dieses Gebiet nur über vergleichsweise niedrige Niederschlagsmengen von rund 600 bis maximal 750 Millimetern verfügt.
Die Moorbildung setzte in Norddeutschland nach dem Ende der letzten Eiszeit ein. Das zunehmend niederschlagsreichere und wärmere Klima führte an vielen Stellen im niedersächsischen Tiefland zur Entstehung von Mooren, die schließlich große Teile des Tieflandes einnahmen. Ausgangspunkt der Entwicklung waren oft nährstoffreiche Ge-

wässer, die unter Ansammlung von Torf aus abgestorbenen Sumpfpflanzen verlandeten. Bei weiterer Verlandung bildeten sich schließlich Bruchwälder, die als typische Baumart die Schwarzerle, bei geringerer Nährstoffversorgung zunehmend auch Birke und Waldkiefer aufwiesen.
Diese Entwicklung ist in Randbereichen des Steinhuder Meers auch heute noch zu beobachten. So sind die Meerbruchswiesen und das Hagenburger Moor westlich des Sees durch Verlandung entstanden. Während die Meerbruchswiesen landwirtschaftlich genutzt werden und deshalb weitgehend baumfrei sind, ist das als

... und der grazilere Mittlere Sonnentau gehören zu den fleischfressenden Pflanzen. Beide wachsen im Toten Moor, sind aber durch Trockenlegung und Torfabbau gefährdet.

Naturschutzgebiet ausgewiesene Hagenburger Moor zu großen Teilen mit einem naturnahen Erlenbruchwald bestockt, der sich zum Teil bereits bis zum Hochmoor weiterentwickelte.
Die Moorentstehung war jedoch nicht unbedingt an Gewässer gebunden, sondern Moore entwickelten sich auch vielfach direkt auf dem sumpfigen Mineralboden. Die Verbindung zum nährstoffreichen Grundwasser bleibt bis zum Stadium des Erlenbruchwaldes erhalten und ermöglicht so eine artenreiche Vegetation. Wenn der Einfluss des Niederschlagswassers - bedingt durch das Höhenwachstum des Moores - schließlich überwiegt, können sich die typischen Hochmoor-Torfmoose ansiedeln und die Niedermoorvegetation verdrängen. Die Moospolster saugen sich mit Wasser voll und ersticken bei ausreichendem Wachstum die frühere Vegetation. Bäume können nur noch an den trockensten Stellen gedeihen, weite Teile eines natürlichen Hochmoors sind deshalb baumfrei.
Während die Torfmoose an der Oberfläche laufend weiterwachsen (bei guten Bedingungen mehrere Zentimeter pro Jahr), sterben die tieferen Schichten ab und bilden unter Luftabschluss Torf. Da das Pflanzenmaterial zusammengepresst wird, wächst das gesamte Moor durchschnittlich um rund ein Millimeter pro Jahr in die Höhe. Im Laufe der Zeit bildet sich so eine Aufwölbung (daher „Hochmoor"). Da durch das Emporwachsen die Verbindung zum Grundwasser verloren geht, erfolgt die Wasser- und Nährstoffversorgung ausschließlich durch die Niederschläge - zumindest in früheren Jahren musste die Vegetation also mit einem Minimum an Nährstoffen auskommen. Aber Not macht erfinderisch - dieses Prinzip gilt auch für Pflanzen.

Von Zwergsträuchern und Pilzen

Zwergsträucher wie Besen- oder Glockenheide bilden eine Symbiose mit Pilzen, um das Problem zu lösen. Die Pilze dringen in die Wurzel ein, um sich bei den von der Pflanze gebildeten energiereichen Kohlenstoffverbindungen zu bedienen - die Pflanze wiederum verdaut laufend Teile des Pilzgeflechts und erhält so Mineralstoffe, die die Pilze erheblich effektiver aufnehmen als die Pflanze.
Auch Torfmoose sind auf eine Lebensgemeinschaft mit Pilzen angewiesen, da sie sonst nicht keimen könnten. Aber die Torfmoose haben noch einen anderen Trick entwickelt, um zu überleben: Im Austausch gegen die wenigen im

Moorwasser gelösten Nährstoffe geben sie eine große Menge Protonen in die Umgebung ab. Die Mineralstoffe werden mit hoher Effektivität vom Moos aufgenommen und an die Zellwände gebunden – Torfmoose wirken als sehr effektive Ionentauscher. Die abgegebenen Protonen wiederum bewirken den hohen Säuregrad des Moorwassers, der für viele Pflanzen und Tiere ein Überleben unmöglich macht.

Fleischfressende Pflanzen im nährstoffarmen Moor

Eine andere Anpassung an den unwirtlichen Lebensraum hat der Sonnentau entwickelt. Die Blätter der Pflanze bilden Finger aus, die an der Spitze jeweils einen Schleimtropfen mit Verdauungsenzymen besitzen, der Insekten auf der Suche nach Tau oder Honig anlockt. Wenn sich die Tiere jedoch auf dem vermeintlich attraktiven Plätzchen niedergelassen haben, kleben sie fest. Die Finger krümmen sich nun über das Insekt, und für das Opfer gibt es kein Entkommen mehr – es wird langsam verdaut. Nach einiger Zeit bleibt nur der Chitinpanzer übrig.

Noch ein weiteres Problem, das mit seinem Standort zusammenhängt, hat der Sonnentau erfolgreich gelöst. Alljährlich wachsen die Torfmoose um mehrere Zentimeter nach oben. Um nicht unterzugehen, muss die Pflanze also mit dem Moosteppich in die Höhe wachsen. Alljährlich wird deshalb eine Endknospe an der Oberfläche des Teppichs gebildet, aus dem sich im Frühjahr die Blattrosette bildet. Die Rosette wird im Lauf des Jahres langsam überwachsen, während der Stängel in die Höhe wächst. Am Ende des Jahres bildet der Stängel eine neue Endknospe aus, so entstehen regelrechte Stockwerke. Die unteren Pflanzenteile sterben durch Sauerstoffmangel ab, werden aber durch den hohen Wasserspiegel und fehlenden Sauerstoff bedingt nur unvollständig abgebaut.

An den Überresten im Torf lässt sich noch nach Jahrtausenden ablesen, aus welchen Pflanzen der Torf gebildet wurde. Unterschieden werden z. B. die in Niedermooren gebildeten Seggentorfe und Bruchwaldtorfe von Hochmoortorfen, die vor allem aus Torfmoosen entstanden sind. Nach dem Grad der Zersetzung lässt sich hier wiederum stärker zersetzter Schwarztorf (zumeist älter und tiefer liegend) vom jüngeren und schwächer zersetzten Weißtorf unterscheiden. Der Begriff wurde übrigens von Torfstechern und -stecherinnen geprägt, denn der feine Schwarztorf haftet an den Händen, während Weißtorf zum „Händewaschen" gebraucht werden kann.

Schicksal im Moor: Eine Azurjungfer ist an den klebrigen Blättern des Mittleren Sonnentaus hängen geblieben und wird von diesem langsam „gefressen".

Schlechte Zeiten für Moorspezialisten

Hochmoore sind im ursprünglichen Zustand ein entscheidend von nur wenigen Moosarten geprägter Lebensraum mit extremen Bedingungen, in dem nicht viele Pflanzen und Tiere überleben können. Heutzutage ist das Ökosystem Moor mit seinen speziellen Bedingungen neben der direkten Zerstörung durch die Abtorfung auch durch die Luftverschmutzung bedroht. Mit Auto- und Industrieabgasen sowie durch die Landwirtschaft gelangen Nährstoffe in die Atmosphäre, die durch Regen wieder ausgewaschen werden und so auch die entlegensten Überreste der Natur erreichen. Damit werden die Tricks der Hungerkünstler wertlos, denn nun können andere Pflanzen mit höherer Wuchsleistung die ursprünglichen Hochmoorbewohner verdrängen.

Die Frage, ob Moore wie das Tote Moor durch Naturschutzmaßnahmen wieder zu typischen Hochmooren mit weiten, offenen Sumpfflächen zurückentwickelt werden können, ist auch deshalb trotz aller Bemühungen bisher offen. Fachleute sind skeptisch: Bislang ist es noch in keinem Fall gelungen, ein industriell abgetorftes Hochmoor so weit wiederherzustellen, dass sich die typischen Lebensgemeinschaften flächig wieder ansiedeln konnten.

Das Resultat umfangreicher Naturschutzbemühungen sind die wiedervernässten Hochmoorbereiche am Wunstorfer Damm. Hier können zumindest auf kleiner Fläche wieder moortypische Tiere und Pflanzen leben.

Im Gebiet unterwegs

Mühsamer Moorschutz und muntere Mücken

Viele der interessanten Tier- und Pflanzenarten sind nicht ohne weiteres zu beobachten, da die verbliebenen Hochmoorreste unter Naturschutz stehen und deshalb abseits der Wege nicht begangen werden dürfen. Am meisten bekommt man vom Gebiet mit, wenn man sich einer der Führungen anschließt, die von der ÖSSM oder dem Naturpark Steinhuder Meer durchgeführt werden. Das Torfmuseum in Neustadt (siehe Kapitel „Neustadt am Rübenberge") bietet darüber hinaus auch bei schlechtem Wetter die Gelegenheit, sich über Natur und Nutzung des Toten Moores zu informieren.

Wer sich einen Einblick von der Situation des Moores verschaffen will, ohne sich einer Führung anzuschließen, tut dies am besten vom Rundwanderweg um das Steinhuder Meer aus. Von Süden kommend gelangt man zunächst zur ehemaligen Kläranlage Großenheidorn. Nachdem das geklärte Abwasser von dort zunächst in

Info

Führungen

Termine für die Führungen sind bei der ÖSSM e. V. (Tel. 0 50 37/9 67 - 0) oder beim Naturpark (Tel. 0 50 36/9 21 21) zu erfragen.

das Steinhuder Meer eingeleitet wurde und dort zu einer ungewünschten Nährstoffanreicherung führte, wurde Anfang der 70er-Jahre ein neuer Hauptvorfluter angelegt, der zur Leine hin entwässert und das nährstoffreiche Wasser nun quer durchs Moor führte. Durch die Änderung der Entwässerungsverhältnisse verkleinerte sich auch das Einzugsgebiet des Steinhuder Meeres. Inzwischen ist die Anlage jedoch wieder stillgelegt und wurde vor einigen Jahren zu einem symbolischen Preis zum Verkauf angeboten. Bedingung: Es sollte ein Naturschutzhaus entstehen. Interessenten fanden sich jedoch nicht, und so gammeln die Gebäude weiter vor sich hin und bieten Fledermäusen und Vögeln Unterschlupf.

Nun geht es weiter, am Abzweig zum Beobachtungsturm am Ostufer des Steinhuder Meeres vorbei. Hier bietet sich ein kurzer Abstecher an, denn vom Turm aus hat man einen schönen Blick über den Röhrichtgürtel und den See und kann eine Fülle interessanter Vogelbeobachtungen machen (siehe Kapitel „Im Gebiet unterwegs: Am See").

Wenn man auf den Großenheidorner Damm gelangt ist, zweigt nach wenigen Metern links der Rundwanderweg Richtung Nordufer ab. Hier hält man sich jedoch geradeaus und folgt dem Großenheidorner Damm weiter Richtung Neustadt. Nach rund einem Kilometer kommt man zu einer Wegkreuzung, hinter der linker Hand die kahlen Abtorfungsflächen beginnen. Ein Abstecher nach rechts auf dem Wunstorfer Damm führt durch Moorbereiche, die derzeit durch Anstau der Gräben wiedervernässt werden. Als erster Erfolg stirbt hier der Birkenwald in Teilbereichen flächig ab. Ein Moorerlebnisweg ist weiter nördlich am Rundweg in der Nähe der Neuen Moorhütte geplant.

Dort wo das Hochmoor einst entwässert wurde, wachsen heute fast ausschließlich Adlerfarn und Moorbirken.

Ein Rat sollte bei allen Touren beherzigt werden: Vorsorge gegen geflügelte Plagegeister zu treffen. Schließlich freuen sich nicht nur Libellen über die Maßnahmen zur Wiedervernässung, sondern auch Stechmücken, Bremsen und Gnitzen. Lange Hose und geschlossene Schuhe sowie Insektenschutzmittel sind die Mindestausstattung, sonst bleibt für die schönen Seiten der Natur eventuell nur wenig Aufmerksamkeit übrig.

Das etwas
andere Dorfleben

Auch Grünanlagen und Friedhöfe innerhalb der Dörfer, wie hier in Winzlar, werden von Tieren besiedelt.

Heimliche Nachbarn
Schleiereulen und Fledermäuse

Anfang Juni: Die Sonne ist schon vor einer Stunde am Horizont verschwunden. Unter der Straßenlaterne jagt eine Breitflügelfledermaus nach Insekten, die vom Licht angezogen werden. Plötzlich erschallt ein heiseres, rollendes Kreischen und ein Schatten fliegt über uns hinweg und verschwindet in der Uhlenflucht, einer halbrunden Öffnung im Giebel der Scheune zu unserer rechten Seite. Von hier vernehmen wir nun hektische Schnarchgeräusche. Sekunden später erkennen wir dank des Restlichtes einer Straßenlaterne ein weißes Gesicht in der Giebelöffnung. Es kommt auf uns zu, streicht über uns hinweg und verschwindet wieder in der Dunkelheit. Aus der Ferne hören wir noch zwei-, dreimal das sich entfernende heisere Kreischen, während das lebendige Schnarchen aus der Scheune in ein einsam klingendes Zischen übergeht.

Wir harren noch eine Weile in der Deckung einer großen Linde aus. Keine fünf Minuten später: Der offensichtlich heranfliegende Vogel kündigt sich durch das bekannte Kreischen an, der Schatten fliegt an uns vorbei, landet diesmal zuerst auf dem Giebel der Scheune, verschwindet kurz darauf in der Uhlenflucht und verursacht wiederum die hektischen Schnarchlaute. Diesmal waren wir gewappnet, denn mit unseren lichtstarken Ferngläsern konnten wir den für kurze Zeit auf dem Giebel verharrenden Vogel dank der Straßenlaterne vor dem Bauernhof identifizieren und sogar erkennen, dass er eine Maus im Schnabel hielt. Keine Frage, bei dem Schatten handelte es sich um eine Schleiereule. Das hörbare Schnarchen aus dem Gebäude waren die Bettelrufe der Jungvögel. Wie sich später her-

Harmonie am Dorfrand. Dort wo Haustiere traditionell gehalten werden, sind auch Wildtiere nicht weit.

ausstellt, sind es fünf Jungeulen, die hier in einem speziellen Nistkasten heranwachsen, der zum Schutz dieser Vogelart an der Innenwand der Scheune angebracht wurde. Schleiereulen brüten bei uns ausschließlich in Gebäuden, meist in Scheunen, seltener in Wohnhäusern oder Kirchen. Wir kommen noch häufig wieder, um die schönen Eulen bei der Fütterung zu beobachten. Mitte Juli sind die Jungvögel ausgeflogen. Zwei von ihnen sitzen auf dem Giebel der Scheune, zwei weitere in der Giebelöffnung. Das Nesthäkchen scheint noch im Nistkasten zu sitzen, denn wir hören noch leise Bettelrufe aus dem Scheuneninneren.

Aber Schleiereulen sind bei weitem nicht alles, was wir bei unseren nächtlichen Ausflügen beobachten konnten. Häufig sahen wir auch Breitflügel- und Zwergfledermäuse sowie einige weitere Fledermausarten. Steinmarder patrouillierten von Hof zu Hof, Igel von Hecke zu Hecke. Sie sind in den meisten Scheunen bzw. Gärten zu Hause.

Die Polizeistation in Rehburg ist seit Jahren die Heimat eines Weißstorchpaares.

Tierwelt im Dorf

Turmfalken und Weißstörche

Auch tagsüber lohnt es sich, aufmerksam durch die Dörfer zu gehen, denn hier sind viele Tier- und Pflanzenarten zu Hause, die in der offenen Landschaft der Meerbruchswiesen, in unmittelbarer Nähe des Sees oder in den Wäldern nicht oder nur selten zu sehen sind. Türkentaube, Hausrotschwanz, Girlitz und Grünfink gehören neben Haus- und Feldsperlingen zu den auffälligsten Dorfbewohnern. In anderen Lebensräumen sind sie seltener.

Ein anderer Dorfbewohner ist der Turmfalke, der, wie die Schleiereule gern in Gebäuden brütet. Er ist aber nicht darauf angewiesen, Gebäudenischen zu finden, denn er benutzt auch die stabilen Nester von Rabenkrähen und Elstern zur Brut. Ein eigenes Nest vermag er jedoch nicht zu bauen.

Wer den Weißstorch beobachten will, der muss schon gezielt auf die Suche gehen, denn Adebar brütet nur in geringer Paarzahl in der Steinhuder-Meer-Niederung. In der Nähe des Sees sind seit langer Zeit auf der Polizeistation Rehburg und in Neustadt (passend) auf dem Standesamt besetzte Horste zu sehen. In Auhagen südlich von Hagenburg sind in den meisten Jahren zwei Nester besetzt. Im Jahr 2001 siedelte sich ein Paar Weißstörche in Winzlar an, vermutlich als Folge der Wiedervernässungsmaßnahmen in den Meerbruchswiesen (siehe Kapitel „Der Meerbruch mit den Meerbruchswiesen"). Weiter entfernt brüten Störche in Bokeloh, Idensen und Landesbergen.

Vor allem in den Randbereichen der Dörfer finden wir heute noch Obstwiesen mit alten Apfel-, Birnen- und Kirschbäumen. Diese Wiesen sind Lebensraum von Grau- und Trauerschnäpper, Goldammer und Grünspecht. Der Steinkauz, früher ein typischer Besiedler der hofnahen Obstgärten, ist sehr selten geworden. In den Dörfern am Steinhuder Meer brütet er heute leider nicht mehr.

Es sind vor allem die blumenreichen Bauerngärten, alte Baumbestände und versteckreiche Gebäude, die einer Vielzahl von Tier- und Pflanzenarten eine Überlebenschance in unserer unmittelbaren Nähe sichern und so die Natur bis an unsere Haustür heranrücken lassen. In Neubaugebieten mit Zierrasen und sterilen Blumenrabatten, in denen artenarme Thujareihen anstelle blütenreicher Laubhecken die Grundstücke einfrieden, finden Igel, Fledermäuse und Eichhörnchen keine Nahrung mehr. Auch die vielen in den giftlosen Blumengärten heimischen Schmetterlinge, wie der Kleine Fuchs, der Baumweißling und das Tagpfauenauge, kapitulieren dort vor der Nahrungsarmut.

Am Steinhuder Meer sind es die Ortschaften Steinhude mit Großenheidorn, Hagenburg mit Altenhagen, Winzlar, Rehburg, Mardorf und die Stadt Neustadt am Rübenberge (im Uhrzeigersinn) die den See und seine angrenzenden Moore und Feuchtwiesen umgeben.

Info

Live-Einblicke

in das Leben von Schleiereulen und auch Turmfalken ermöglichen zwei Monitore, die im Ausstellungsraum der Ökologischen Schutzstation Steinhuder Meer (ÖSSM e.V.) für Besucher zur Verfügung stehen. Auf den Monitoren kann man die beiden Vogelfamilien beobachten, die unter dem Dach des Stationsgebäudes in Nistkästen leben, die mit Kameras ausgestattet sind (siehe Themeninfo „Die Ökologische Schutzstation Steinhuder Meer").

Der hungrige Storchennachwuchs bekommt seine Mahlzeiten aus den Meerbruchswiesen.

Steinkäuze sind leider selten geworden. Früher gehörten sie zu den typischen Dorfbewohnern unter den Vögeln.

Das Tagpfauenauge kennt jedermann. Wer weiß aber schon, dass sich seine Raupen ausschließlich von Brennnesseln ernähren.

In unmittelbarer Nähe der Schutzgebiete werden leider immer noch Baugebiete ausgewiesen und die wertvollen Dorfrandbereiche der gewachsenen Ortschaften zerstört. Gleichzeitig gehen damit die wichtigen Pufferflächen zwischen Natur und Ortschaften verloren. Ohne dass die Belange des Naturschutzes nur annähernd berücksichtigt wurden, sind zahlreiche Obstwiesen mit ihrer typischen Fauna und Flora der Säge zum Opfer gefallen und durch schlecht geplante, naturferne Neubaugebiete ersetzt worden. Oftmals wäre das anders gegangen. Mehr Natur in den Dörfern hilft nicht nur Tieren und Pflanzen, sondern schafft auch eine hohe Wohnqualität.

THEMEN **INFO**

„Treu und treulos" – die Schleiereule

Schleiereulen haben ein großes Fortpflanzungspotential, reagieren aber immer auf die jeweilige Nahrungssituation. In „normalen" Jahren wählt das Schleiereulenweibchen ihren Brutpartner aufgrund dessen Qualifikation als Versorger aus. Lange bevor das Paar zur Brut schreitet, bemüht sich das Männchen mit Beutetiergeschenken (meist Mäuse) um das Weibchen. Letzteres prüft so, ob das Männchen in der Lage ist, eine ganze Brut großzuziehen. Besteht dieses den „Eignungstest", schreiten beide gemeinsam zur Brut.

In Jahren mit wenig verfügbarer Nahrung setzen die auf Kleinsäugetiere spezialisierten Jäger mit der Brut aus oder haben nur kleine Gelege. In kleinsäugerreichen Jahren kann die Schleiereule dagegen mehr als zehn Jungvögel pro Brut großziehen und das zweimal in einem Jahr. Manchmal werden die Bruten sogar geschachtelt, d. h. das Weibchen brütet schon wieder, während das Männchen die Jungvögel der ersten Brut allein großzieht.

Vom Nahrungsangebot abhängig ist aber nicht nur die Zahl der erfolgreich großgezogenen Jungvögel, sondern, viel raffinierter noch, auch das jeweilige Paarungssystem. Gibt es wenig Mäuse, hat das Schleiereulenweibchen oft mehrere Versorger, gibt es reichlich Nahrung, versorgen einzelne Männchen häufig mehrere Weibchen. In der Natur zielt also vieles darauf hin, seine eigenen Gene in möglichst großem Umfang weiter zu verbreiten und in die nächste Generation einzubringen.

Die Anpassung an günstige Ernährungsbedingungen spiegelt sich nicht nur in der

Der heimlichste Dorfbewohner ist die Schleiereule. Ihr nächtliches Kreischen ist aufgrund zahlreicher Schutzmaßnahmen mittlerweile wieder öfter zu hören.

Fortpflanzung wider, sondern auch in der Siedlungsdichte. In „guten" Jahren können die Schleiereulen sehr dicht beieinander brüten, mitunter nur wenige hundert und in Ausnahmefällen sogar unter einhundert Meter voneinander entfernt. Drei oder vier Brutplätze in einem Dorf sind dann keine Seltenheit.
Die Überlebensstrategie der Schleiereulen ging lange auf. Doch die Veränderungen in der Landwirtschaft, eine veränderte Gebäudebauweise, Sanierungsmaßnahmen und der damit einhergehende Verlust an Brutplätzen, die Zerstörung kleinsäugetierreicher Saumbiotope und der Bau todbringender Straßen brachten die Schleiereule plötzlich auf die Rote Liste der gefährdeten Vogelarten. Viele Naturschützer machten die Art daraufhin zum Ziel ihrer Schutzaktivitäten. Es gelang tatsächlich durch die Schaffung von Brutplätzen, in erster Linie Nistkästen, und der Wiederöffnung zahlreicher Gebäude den Bestand regional so stark zu fördern, dass die Eule mittlerweile wieder aus der Roten Liste der Bundesrepublik und mehrerer Bundesländer entlassen werden konnte.

Im Gebiet unterwegs

Im Dorf hinter der Gartenhecke ...

Wer die typische Fauna der Dörfer beobachten möchte, fährt am besten nach Winzlar westlich des Steinhuder Meeres. Dieser Ort hat eine angenehme dörfliche Struktur in seinem Kern und ist ein guter Ausgangspunkt für Wanderungen in die Feuchtwiesen (siehe Kapitel „Der Meerbruch mit den Meerbruchswiesen"). Auf dem Weg vom Parkplatz in der Dorfmitte über die Südstraße und den Meierort zu den Meerbruchswiesen sind Türkentaube, Bachstelze, Hausrotschwanz, Girlitz, Grünfink, Stieglitz und Misteldrossel neben einer Vielzahl anderer Vögel zu sehen. Auf diesem Weg erreicht man auch die Meerbruchswiesen. Der von großen Bäumen (meist Eschen) gesäumte Abschnitt des Rundweges am östlichen Ortsrand in Richtung Meerbruchswiesen (links auf dem Rundweg abbiegen) zählt zu den besten Fledermausbeobachtungspunkten am Steinhuder Meer. Vor allem im Windschatten der großen Bäume finden Fledermäuse genügend Insekten.

Der melancholische Gesang des Rotkehlchens erklingt im Frühjahr überall dort, wo dichte Baum- und Buschbestände wachsen. Im Winter gesellen sich Wintergäste aus dem Norden zu „unseren" Rotkehlchen.

Stare gehören zweifellos zu den hübschesten Dorfvögeln. Schon früh im Jahr brüten sie in Baumhöhlen und Nistkästen.

Die Ökologische Schutzstation – ein Beobachtungsposten

Ein guter Beobachtungspunkt für Schleiereulen ist die Ökologische Schutzstation Steinhuder Meer an der Ortsdurchgangsstraße (Hagenburger Straße 16), in deren Scheune die Vögel seit Jahren erfolgreich brüten. In der Station kann man um Erlaubnis fragen, um abends auf dem Hof gemütlich von einer Bank aus die Schleiereulen beim Anflug zur Fütterung beobachten zu können. Meist sind hier auch einige Breitflügelfledermäuse zu sehen. Der Turmfalke brütet übrigens ebenfalls im Stationsgebäude. Die jeweils besten Beobachtungszeiten und -plätze sind während der Öffnungszeiten (Mo.-Di. von 9 - 16 Uhr, von Ostern bis Ende September zusätzlich an den Wochenenden von 11 - 17 Uhr) im Stationsgebäude zu erfragen. Das Leben in den Nistkästen beider Arten ist hier im Frühling und Frühsommer während der Öffnungszeiten im Ausstellungsraum über Monitore zu sehen.

Fledermäuse auf Insektenjagd

In Mardorf bietet sich der Dorfteich in der Nähe des Schützenhauses für abendliche Fledermausbeobachtungen an (Straße gegenüber der Sparkasse etwa 300 Meter weiter). Wasserfledermäuse und Abendsegler, die ihre Schlafplätze wohl in den alten Bäumen der kleinen Parkanlage haben, nutzen den Bereich zur Nahrungssuche.
Aber auch in Großenheidorn und Hagenburg gibt es Fledermausvorkommen und Plätze, die sich zur Beobachtung der nächtlichen Insektenjäger anbieten. In Großenheidorn ist es der Ortsausgang in Richtung Großenheidorn Strand (Strandstraße). Hier stehen alte Stieleichen in Gruppen auf dem Grünland bzw. säumen zusammen mit alten Kopfweiden den Straßenrand und die kleinen Querwege. Vor allem der schon manchmal vor Sonnenuntergang als erste der

Fledermäuse aktiv werdende Abendsegler, aber auch andere Arten dieser fliegenden Säugetiere, sind hier hervorragend zu sehen.
Eine Spezialität für Norddeutschland findet der Fledermausfreund am Nordrand Hagenburgs in Nähe des Hagenburger Kanals. Hier befindet sich eine der nördlichsten Kolonien des Großen Mausohrs in Deutschland. Allerdings ist die Kolonie recht klein und ein langfristiges Überleben fraglich. Mit ein bisschen Glück sind die Tiere aber zu sehen. Das Große Mausohr ist die größte unserer heimischen Fledermäuse. Um sie zwischen den (für heutige Verhältnisse !) wirklich zahlreichen Fledermäusen in diesem Gebiet zu finden, gehört natürlich eine Menge Erfahrung, denn vor allem am Kanal und im angrenzenden Schlosspark mit seinen zahlreichen wertvollen Höhlenbäumen sind außerdem Fransen-, Wasser-, Teich-, Breitflügel- und Zwergfledermäuse zu sehen.
Fledermausexperten bedienen sich übrigens eines kleinen Gerätes, genannt Fledermausdetektor, um die Ultraschalllaute der liebevoll genannten „Mäuse" (mit denen Fledermäuse eigentlich genauso wenig verwandt sind wie ein Seehund mit einem Schäferhund) für uns Menschen hörbar zu machen. So wird auch die Erkennung einiger Arten anhand der Laute möglich. Wer Spaß an den fliegenden „Mäusen" hat und diese auch näher kennen lernen möchte, der sollte auf die Tonaufnahmen mit Begleitheft von Limpens & Roschen zurückgreifen (Bezug über die NABU-Umweltpyramide in Bremervörde, Tel. 0 47 61/7 13 30).

Info

Fledermäuse

Eine kleine Fledermausausstellung mit Tonbeispielen befindet sich auch im Stationsgebäude der Ökologischen Schutzstation Steinhuder Meer in Winzlar.

Ein nächtlicher Jäger auf Beutefang: Die Wasserfledermaus. Sie ist während der Sommermonate nachts regelmäßig über den Dorfteichen zu sehen.

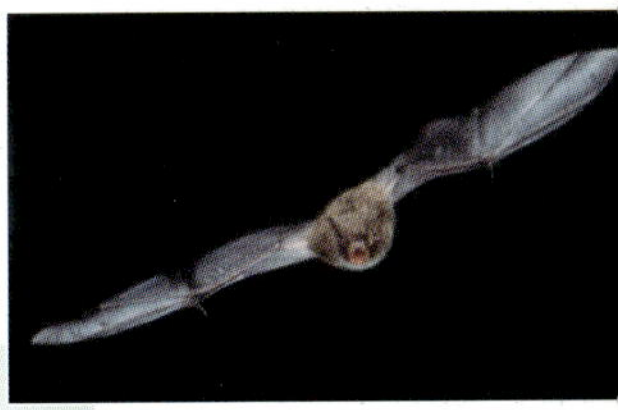

In den Herbst- und Wintermonaten sammeln sich die Stare zum allabendlichen Schlafplatzflug.

Die Landschaft

nördlich des Steinhuder Meeres

Der Kleiber ist der einzige Vogel, der kopfüber einen Baumstamm hinunterklettern kann.

Wälder, Felder und Moore

Auf der Geest

Während die Landschaft südlich des Steinhuder Meeres recht dicht besiedelt ist und intensiv genutzt wird, hat die sandige, leicht hügelige Gegend nördlich des Sees ihren dörflichen Charakter bewahrt. Der nährstoffarme Boden trägt stille Wälder, und in den Senken liegen einsame Moore. Besonders zu touristischen Spitzenzeiten, wenn am Steinhuder Meer selbst reger Betrieb herrscht, ist ein Ausflug hierher empfehlenswert.

Die Landschaft wurde von den Eiszeiten geprägt (siehe auch Kapitel „Ein Gang durch die Erdgeschichte"). Zweimal - während der Elster- und der Saale-Eiszeit - wurde die norddeutsche Tiefebene etwa bis zum Rand der Mittelgebirge von Gletschern überdeckt, die riesige Mengen an Sand und Kies aus Skandinavien mitbrachten. Während der Saale-Eiszeit vor rund 200 000 Jahren bildete das vordringende Eis während der „Rehburger Eisrandlage" einen der markantesten Moränenzüge in Norddeutschland. Das aus dem Eis austretende Schmelzwasser lagerte Sand und Kies ab, zusätzlich wurde der eisrandnahe Untergrund durch das Gewicht der Gletscher aufgestaucht. So entstanden unter anderem die Schneerener Berge.

Im weiteren Verlauf der Eiszeit drang der Gletscher noch weiter nach Süden voran und kam erst im Gebiet der heutigen Stadt Hameln zum Halt. Beim späteren Rückzug des Saale-Gletschers blieb zwischen den Moränenzügen wohl Toteis zurück, das in der folgenden Warmzeit abschmolz und Senken zurückließ. Viele tausend Jahre später, nach dem Ende der letzten Vergletscherung, konnten sich hier in erdgeschichtlich jüngster Zeit Moore wie das Schneerener und Rehburger Moor bilden.

In der letzten (Weichsel-) Eiszeit wurde das Gebiet nicht mehr vom Eis erreicht, aber unter Einwirkung des Tundrenklimas überprägt, sodass sich das Relief glättete. Der Wind konnte vom damals vegetationsarmen Tundrenboden vor den Gletschern feines Bodenmaterial abwehen, das in unterschiedlicher Stärke vor allem am Rand der Mittelgebirge und südlich des Steinhuder Meeres in der Börde abgelagert wurde. Der hier gebildete feinkörnige Lößboden ermöglicht hohe landwirtschaftliche Erträge und zählt zu den produktivsten Böden Deutschlands, während der sandige Boden nördlich der Börde erheblich weniger ertragreich ist.

So ist der ausgeprägte Kontrast der Landschaft südlich und nördlich des Steinhuder Meeres zu erklären: Während im Süden des Sees im Gebiet um Wunstorf ausgeräumte, intensiv landwirtschaftlich genutzte Flächen vorherrschen und die relativ wenigen Wälder anspruchsvolle Laubwaldgesellschaften tragen, ist die Gegend nördlich des Meeres deutlich weniger stark genutzt. Brachliegende Flächen zwischen den Äckern und Wegsäume zeigen häufig eine an magere Standorte angepasste Vegetation, die Waldgesellschaften sind ebenfalls hinsichtlich der Nährstoffversorgung weniger anspruchsvoll.

Der Begriff „Geest" kennzeichnet treffend diesen Naturraum: das Wort stammt aus dem Niederdeutschen und bedeutet „unfruchtbares Land".

Als sich nach der letzten Eiszeit vor rund zehntausend Jahren das Klima wieder stark erwärmte, wanderten im Lauf der Zeit verschiedene Baumarten ein (zunächst Kiefer

Durch die Geestlandschaft nördlich des Steinhuder Meeres führen einsame und abwechslungsreiche Wanderwege.

Im Sommer verwandelt die Besenheide die Landschaft in ein farbiges Blütenmeer.

und Birke, danach Hasel, später unter anderem die Eiche und zuletzt die Buche). Aus einer baumfreien Tundra entstand so eine bis auf die Hochmoore weitgehend bewaldete Landschaft. Heute würden ohne Einwirkung des Menschen an vielen Stellen der „hohen", also grundwasserfernen und trockenen Geest nördlich des Steinhuder Meeres Wälder aus Rotbuche, Stiel- und Traubeneiche wachsen, insbesondere auf leicht lehmigen Böden. Auf den sehr nährstoffarmen, sandigen Standorten der Geest stellen Wälder mit den Hauptbaumarten Birke und Stieleiche die ursprüngliche Vegetation dar. Beide Waldgesellschaften sind allerdings heute weitgehend in Ackerland oder in naturferne Kiefernforste umgewandelt. Die grundwassernahen Bereiche trugen früher Bruchwälder oder baumfreie Hochmoore.

Hudewälder und Heide

Aufgrund der menschlichen Besiedlung und dem Beginn der Ackerbau- und Weidenutzung vor etwa 6 000 Jahren entstand im Lauf der Jahrtausende aus einer Waldlandschaft eine weitgehend offene Landschaft. Ein Grund hierfür war die Waldweide: Die meisten Wälder wurden Jahrhunderte lang neben der Entnahme von Brenn- und Bauholz als Weide für das Vieh genutzt. Die Beweidung verhinderte das Aufkommen von jungen Bäumen und führte so zur Auflichtung des Waldes. Hierdurch entstanden vor allem auf reicheren Standorten lichte „Hudewälder". Die Eiche wurde als wertvoller Lieferant von Eicheln zur Viehmast gefördert und die Buche zurückgedrängt.

Besonders auf den ärmeren Sandböden, die hoffnungslos übernutzt wurden, entstanden im Lauf der Zeit weitgehend baumlose Flächen, die noch vor 100 Jahren das Landschaftsbild in weiten Teilen Niedersachsens prägten. Nur extrem anspruchslose Pflanzen wie das Heidekraut konnten hier noch wachsen. Die so entstandene Landschaft wird als „Heide" bezeichnet. Der Begriff hat germanische Wurzeln und bedeutete ursprünglich „wildes, unbebautes Land", aber auch „Waldgegend". Daneben bezeichnete er auch das gemeinsam genutzte Heideland. Die Beweidung der Heiden mit Schafherden verhinderte durch ständigen Verbiss der jungen Gehölze eine Wiederbewaldung, nur giftige, stachlige oder spitznadelige Pflanzen wie der Wacholder konnten sich behaupten. Der Plaggenhieb – das Ausstechen von Heidestücken, die als Stalleinstreu und dann als Dünger für das Ackerland benutzt wurden – sorgte zusätzlich für die Ausbreitung der Heide.

An vielen Stellen wurde die Vegetationsdecke durch Überweidung sogar so weit zerstört, dass sich durch Sandverwehungen Dünen bildeten. Die meisten der heutigen Wälder existierten damals noch nicht. Eine der Ausnahmen sind die „Häfern": auf der Kurhannoverschen Landesaufnahme, die in der zweiten Hälfte des 18. Jahrhunderts als erstes umfassendes Kartenwerk angefertigt wurde, war dieser Laubwald bereits als „Königlicher Forst Heber" verzeichnet.

Der Grinderwald zwischen Neustadt und Nienburg ist ebenfalls Teil eines alten und ehemals großen Waldgebietes, das bis zum Ende des 18. Jahrhunderts vor allem mit Eichen und Buchen bestockt war. Er stand wie die Häfern als königlicher Forst unter dem Schutz des Herrscherhauses, das unter anderem aus jagdlichen Gründen an der Erhaltung des Waldes interessiert war. Um 1750 waren im Grinderwald zwar noch zehn Gemeinden zur Grashude und zum Plaggenhieb berechtigt, diese Berechtigungen wurden aber ab Mitte des 19. Jahrhunderts mit Geld oder Flächentausch abgelöst. Dann begann auch hier die Umwandlung in Nadelwälder bis hin zum Anbau fremdländischer Baumarten wie der Douglasie in jüngerer Zeit.

Auch in der Gegend zwischen Mardorf und Schneeren kamen ausgedehnte Heideflächen und lockere Hudewälder vor, wie alte Karten zeigen. Nördlich von Mardorf erstreckte sich eine solche Heidegegend mit einigen kleinen Seen, von denen heute nur noch der

Unter den drei heimischen Schlangenarten lebt die Schlingnatter am verborgensten. Wie die Kreuzotter bringt sie im August lebende Jungtiere zur Welt. Sie ist der engste Nachbar der Zauneidechse.

Zauneidechsen, hier ein prächtig grün gefärbtes Männchen, leben vor allem in sandigen und sonnigen Lebensräumen. Leider wurden durch die einseitige Aufforstung mit Kiefern viele ihrer Lebensräume zerstört.

Bannsee existiert. Einen Eindruck vom damaligen Landschaftsbild gibt eine Reisebeschreibung, die Johann Georg Kohl Mitte des 19. Jahrhunderts schrieb:

In dieser Sandgegend am Rande des Toten Moores liegt ein kleiner See, der „Bannsee" genannt, der gewissermaßen als ein Anhängsel des Steinhuder Meeres, in das er ausmündet, betrachtet werden kann. Es ist eine sehr merkwürdige, sehr einsame und völlig unkultivierte Lokalität. Schon der Name Bannsee klingt für den Charakter der Landschaft bezeichnend. Er liegt mitten in einem aus Sand, Torf und Heide gebildeten Bassin und hat etwa eine Stunde im Umkreis. Große Scharen von wilden Enten und Gänsen erhoben sich von dem Wasserspiegel, als wir uns näherten. Auch viele Möwen bewohnen dieses Seechen. In den Dünen auf der Südseite des Bannsees bieten sich dem aufmerksamen Naturfreund die eigentümlichsten und in ihrer Art gefälligsten Naturszenen dar. Es wachsen da auf hellem Sand die schönsten Wacholdersträucher. Nie hätte ich gedacht, daß dieser meist so elende Strauch zu solcher Höhe und Größe und zu so eleganter Form gedeihen konnte, wie ich ihn hier sah. Nicht wenig unterhielten mich auch bei meiner Wanderung durch diesen Dünenstrich die einsam im Gehölz versteckten Bienenkolonien, auf die ich dann und wann stieß. Die Leute bringen hier wie überall in den Heiden des Lüneburgischen ihre Bienenkörbe in die Wildnis hinaus, so recht mitten in die unbewohnteste Gegend, wo noch die meiste Heide gedeiht, deren Blüten ein reichliches Honigfutter enthalten. Sie erwählen dazu gern einen kleinen freien Platz im Wald zwischen hohen Bäumen. Da stellen sie 50 oder 100 Körbe oder mehr in geordneten Reihen nebeneinander, und die Bienen weiden fleißig die umliegenden Heidestriche ab.

Die Bienenvölker stammten nicht nur aus den umliegenden Dörfern, sondern wurden zum Teil von weit her – Kohl nennt z. B. Westfalen – zur Zeit der Heideblüte im August und September hierher gebracht. Gegen ein Weidegeld von zwei Groschen pro Korb und Saison konnten so auch ortsfremde Imker den begehrten Heidehonig produzieren.

Der Preisverfall für Honig und Heidschnuckenwolle durch steigende Importe von Rohrzucker und Wolle, die Einführung des Kunstdüngers und die Aufteilung der Heide in Privatbesitz hatte die wirtschaftlichen Bedingungen jedoch bereits zu Kohls Zeiten grundlegend geändert. Die Heidebauernwirtschaft lohnte nicht mehr, Heide wurde in Viehweiden umgewandelt oder auf den besseren Böden zu Äckern umgebrochen. Seit Beginn des 19. Jahrhunderts wurden zudem die Heideflächen mit der anspruchslosen und schnellwüchsigen Kiefer aufgeforstet, begünstigt durch die steigende Holznachfrage im Zuge der Industrialisierung. Im 19. und 20. Jahrhundert entstanden auf diese Weise viele der heutigen Wälder. Die in den letzten Jahrhunderten entstandenen Kiefernforsten stellen nun den flächenmäßig größten Teil der Wälder in der

Region dar. Kleine Heideflächen gibt es nur noch am Bannsee – der heute übrigens erheblich kleiner ist als damals – und am Nordrand des Toten Moores.

Eine typische Eule der Wälder und der Feldgehölze ist die Waldohreule. Sie brütet ausschließlich in verlassenen Nestern anderer Vogelarten. Meist sind es Krähennester.

Im Wald brüllt der LÖWE

Während der Nadelwaldanteil auch wegen der einseitigen Ausrichtung auf Holzertrag noch bis Mitte des 20. Jahrhunderts zunahm, hat sich diese Entwicklung seit etwa 1990 wieder umgekehrt. Im Rahmen des Programms zur langfristigen ökologischen Waldentwicklung („LÖWE" genannt) der Niedersächsischen Landesregierung erfolgt in den Landesforsten der Umbau in naturnahe Laub- und Mischwälder. Es ist geplant, den Anteil der Laubbaumarten langfristig von derzeit etwa 40 auf 65 Prozent zu erhöhen. So sollen einerseits naturnähere und andererseits auch für Schadstoffe und Schadinsekten weniger anfällige Waldbestände aufgebaut werden.

Einen Schritt weiter gehen die so genannten „Naturwälder". In der Neuen Forst nördlich von Rehburg wurde Ende der neunziger Jahre eine solche rund 50 Hektar große Fläche ausgewiesen. Aus Gründen des Naturschutzes, aber auch als Anschauungsobjekt für Forschung und Lehre soll sich hier in Zukunft ein Urwald entwickeln. Nutzung und Pflege des Waldes wurde eingestellt, die Bäume können hier bis zu ihrem natürlichen Höchstalter heranwachsen. Wenn die alten Bäume absterben und schließlich zusammenbrechen, kann eine natürliche Waldverjüngung aus Pioniergehöl-

zen einsetzen. Da vom Menschen ungenutzte Wälder in Mitteleuropa praktisch nicht mehr existieren, bieten solche Naturwaldreservate interessante Einblicke in die Eigendynamik sich selbst überlassener Waldlebensgemeinschaften.

Als Teil eines Netzes von Naturwäldern in Niedersachsen repräsentiert das Gebiet Waldgesellschaften auf nährstoffarmen und trockenen Sandstandorten. Natürlich kann sich auch hier die Entwicklung nicht vollständig unbeeinflusst vom Menschen vollziehen: Der Saure Regen, Klimaveränderungen oder eingeschleppte Pflanzenarten machen auch vor Naturwaldgebieten nicht halt.

Die scheuen Wildschweine sind zwar überall häufig, aber schwer zu beobachten. Ausgewachsene Keiler können bis zu 300 kg schwer werden.

Die jungen Wildschweine, Frischlinge genannt, werden bis zu drei Monate gesäugt. Im Alter von etwa sechs Monaten werden sie selbstständig, tragen dann aber noch weitere vier Monate ihr gestreiftes Haarkleid.

Großen Einfluss auf die Möglichkeit einer Naturverjüngung - d. h. das Heranwachsen einer neuen Waldgeneration durch das vorhandene Samenpotenzial statt durch Anpflanzung - hat die Wilddichte. Insbesondere die Rehe haben sich - u. a. bedingt durch Winterfütterungen - in der heutigen Landschaft stark vermehrt. Aufgrund der ständigen Bejagung und auch der zunehmenden Störungen durch die Freizeitnutzung werden die Tiere immer scheuer, ziehen sich aus der offenen Feldflur in den Wald zurück und verbeißen dort die jungen Bäume. Als Gegenmaßnahme wird heute auf eine Winterfütterung in der Regel verzichtet und das Rehwild zumindest in den Staatsforsten intensiv bejagt. Die Jagd findet zudem heute immer mehr als „Bewegungsjagd" statt, während die störungsintensivere Ansitzjagd zurückgeht. So kann in den Wäldern eine Naturverjüngung wieder möglich werden.

Landwirtschaft am Rande der Existenz

Auch in der Landwirtschaft ist heute ein Wechsel der wirtschaftlichen Rahmenbedingungen zu verzeichnen. Auf den ertragsschwachen, sandigen Flächen der Geest lohnt sich die landwirtschaftliche Nutzung oft nicht mehr. So bleiben Äcker jahrelang unbewirtschaftet, begünstigt durch Stilllegungsprämien der Europäischen Union. Brachflächen links und rechts des Weges sind deshalb immer häufiger anzutreffen. Sie lohnen durchaus das genauere Hinsehen, da hier teilweise auch seltene Tiere und Pflanzen einen Lebensraum finden.

An die Stelle der Landwirtschaft tritt heute zunehmend der Tourismus als Einnahmequelle. In der Umgebung von Mardorf ersetzen nun immer häufiger Golfplätze, Ponyhöfe, Bootslagerplätze und Parkplätze die früheren Sandäcker.

Pflanzen und Tiere
in der Geestlandschaft

Wo der Mensch die Landschaft nicht vollkommen für sich beansprucht, bleiben ungenutzte, unproduktive Flächen als Nische für Pflanzen und Tiere. Hecken und Feldgehölze zum Beispiel sind hier noch relativ häufig anzutreffen und dienen dem Neuntöter als Nistplatz und Ansitzwarte. Besonders an Weg- und Waldrändern finden sich Arten, die auf den mageren Boden hinweisen. Typische Pflanzen sind Silbergras, Berg-Jasione und Kleines Habichtskraut. Hier und dort finden sich Besenheide und Ginster. Solche kleinen Sandmagerrasen und sandige Ackerbrachen in der Feldflur sind auch ein Lebensraum für wärmeliebende Arten wie Zauneidechse, Warzenbeißer und Rotleibiger Grashüpfer. Selten kommt auch die Schlingnatter vor. Im Winter sind regelmäßig Kornweihen bei der Jagd auf Feldern und Äckern zu beobachten. Ganzjährig anzutreffen ist der Kolkrabe, der sich häufig einen versteckten Nistplatz in Kiefernkronen sucht.

Ein seltener Bewohner trockenwarmer Waldränder oder lichter Kiefernwälder ist der stark gefährdete Ziegenmelker.

Der Jungfuchs traut sich aus dem Bau. Füchse gehören sicher zu den erfolgreichsten Säugetieren und besiedeln eine Vielzahl unterschiedlicher Lebensräume, angefangen vom Seeufer des Steinhuder Meers bis hin zu den dichtesten Wäldern.

Der Eichelhäher verrät sich durch seine „rätschenden" Warnrufe. Mit diesen Rufen verrät er aber auch unsere Anwesenheit.

Eichhörnchen sind in den Kiefernwälder nördlich des Steinhuder Meeres, aber auch in den Gärten der Dörfer, nicht selten.

Auch die Heidelerche lässt hier ihr charakteristisches Lied mit den melancholisch-abfallenden lülülü-Strophen hören.

Kiefernforste stellen den größten Anteil der Wälder, da die Kiefer in der Vergangenheit am häufigsten gepflanzt wurde. Allerdings kann man am Unterwuchs ablesen, dass es sich nicht um die Vegetation handelt, die hier von Natur aus wachsen würde. Häufig kommen die anspruchslosen Arten Birke und Eberesche, aber auch Eichen und vereinzelt sogar Buchen auf.

Ein besonderes Problem stellt die Späte Traubenkirsche dar. Die ursprünglich aus Nordamerika stammende Art mit den auffallenden traubigen Fruchtständen wurde häufig als Zier- und Forstgehölz angepflanzt und verwilderte. Sie hat sich an einigen Stellen stark ausgebreitet und unterdrückt dadurch die heimische Vegetation.

Als typische Bewohner des Nadelwaldes können Hauben- und Tannenmeise häufig beobachtet werden. Der Raufußkauz sucht sich seine meist vom Schwarzspecht gezimmerten Nesthöhlen gerne in strukturarmen und dichten Kiefernforsten, da er hier die Konkurrenz des stärkeren Waldkauzes nicht fürchten muss. Den charakteristischen, weit zu hörenden Reviergesang der Männchen bemerkt jedoch nur der nächtliche Besucher. Als weitere Eulenart wurde auch der Sperlingskauz gesichtet, der bisher in ganz Niedersachsen sehr selten nachgewiesen wurde, nun aber immer häufiger beobachtet wird.

Übrigens ist es durchaus nicht unmöglich, dem Uhu zu begegnen.

Die riesige Eule mit den großen Federohren wurde nach einem dramatischen Rückgang an verschiedenen Stellen wieder eingebürgert. Auch im Gebiet des Forstamtes Rehburg wurden in den sechziger Jahren einige in Gefangenschaft erbrütete Uhus ausgesetzt, von denen sich jedoch später die Spur verlor. Bei den heute beobachteten Tieren könnte es sich um Jungvögel aus dem Weser-Leine-Bergland handeln, bisher wurde jedenfalls noch keine Brut in der Region am Steinhuder Meer beobachtet.
Die Wälder in der Region beherbergen reiche Pilzbestände. Besonders häufig werden in den Kiefernforsten Maronen gesammelt, die nur kurzzeitig infolge des radioaktiven Fallouts der Tschernobyl-Katastrophe eine Schonfrist hatten. Daneben kommen aber auch zahlreiche seltene und gefährdete Pilzarten wie beispielsweise der Strubbelkopf vor.
Einen landschaftlichen Kontrast zu den sandigen, trockenen Geestrücken stellen die grundwassernahen Niederungen dar, in denen sich seit der letzten Eiszeit häufig Moore bildeten. Nördlich der Häfern wuchsen im Bereich des Weser-Urstromtals das Schneerener und das Rehburger Moor auf. Der östliche Teil des Schneerener Moores wird zum großen Teil intensiv landwirtschaftlich genutzt, während das Gebiet nach Westen hin zunehmend einsamer wird und in Hochmoor übergeht. Im Schneerener Moor kommen unter anderem die seltenen Niedermoorarten Kammfarn und Wassernabel vor. Ein Teil des Moores wird derzeit als Ausgleich für

Die selten gewordenen Kreuzottern, hier ein Weibchen, sind zwar giftig, aber ihr Gift ist für Menschen in der Regel ungefährlich.

die Inanspruchnahme von Flächen bei der Förderung von Erdgas renaturiert.
Ein besonders wertvolles Gebiet ist das bereits seit 1976 unter Naturschutz stehende Rehburger Moor. In diesem Moor werden seit längerem Maßnahmen zur „Renaturierung" und zur Wiedervernässung durchgeführt, die schon so weit Erfolg hatten, dass der hier unerwünschte Wald großflächig abstirbt und moortypischer Vegetation Platz macht. Im Gegensatz zum Toten Moor ist das gesamte Gebiet nicht zugänglich, einen landschaftlich schönen Blick auf das Gebiet hat man jedoch vom „Leierberg" am Westrand des Moores.
Aufgrund der ungestörten Lage können in den Mooren nördlich des Steinhuder Meeres viele seltene und scheue Vogelarten brüten. Krickente und Zwergtaucher nisten an kleinen Wasserflächen. Der Baumfalke macht Jagd auf Vögel und Insekten und scheut dabei auch nicht vor gefährdeten Arten wie Mond-Azurjungfer, Hochmoor-Mosaikjungfer und Moosjungfern zurück. Der stark gefährdete Wendehals ist selten in Moorrandbereichen anzutreffen. Auch für Amphibien und Reptilien finden sich wertvolle Lebensräume. Als Beispiel seien Moorfrosch, Ringelnatter und Kreuzotter genannt, die regelmäßig beobachtet werden können.

Im Gebiet unterwegs

Abseits des Sees

Die Häfern

Eine gute Möglichkeit für Wanderungen abseits vom Trubel des Steinhuder Meeres bietet das ausgedehnte Waldgebiet, der Häfern. Der beste Ausgangspunkt für eine Wanderung ist Schneeren, ein reizvolles Dorf mit einem historisch gewachsenen und erhaltenen Ortskern. Zwischen den Fachwerkhäusern liegen zwei kleine Eichenbrinke, die zusammen mit den angrenzenden kleinen Dorfteichen ein bevorzugtes Jagdgebiet von Breitflügel- und Zwergfledermäusen bilden. Von hier aus kann man auf einem der markierten Wege die Häfern erkunden.
Dieser Mischwald bietet mit seinem abwechslungsreichen Bild einen Kontrast zu den vielen, ausgedehnten Kiefernforsten in der Gegend nördlich des Steinhuder Meeres. Ein Grund hierfür liegt darin, dass er zu den ältesten in der Region gehört - er ist bereits auf der Kurhannoverschen Landesaufnahme aus dem 18. Jahrhundert als Laubwald verzeichnet. Deshalb finden sich hier ausge-

dehnte Altholzbestände mit Buche und Eiche. Die Buche ist im Gebiet nördlich des Steinhuder Meeres, bedingt durch den menschlichen Einfluss, nicht allzu häufig zu finden. Sie würde von Natur aus an weitaus mehr Stellen wachsen, wenn sie nicht zugunsten anderer Arten wie der Eiche zurückgedrängt worden wäre. Die Buche beschattet mit ihren dichten Kronen andere Gehölze stark und verdrängt sie auf diese Weise schließlich. Sie benötigt lediglich ein gewisses Maß an Nährstoffen und wird deshalb auf armen Böden zunehmend konkurrenzschwächer. Anfällig ist die Buche außerdem gegen zu starke Trockenheit oder zu starke Nässe, hier lässt sie anderen Baumarten wie Eiche und Birke Raum.

Zwei Baumeister im Wald: der krähengroße Schwarzspecht (rechts), der vor allem in alten Buchen- und Kiefernwäldern lebt, und der drosselgroße und viel häufigere Buntspecht (links), der selbst in kleineren und jüngeren Baumbeständen zu Hause ist.

Vor allem die mächtigen alten Laubbäume in den „Häfern" bieten höhlenbewohnenden Tierarten den benötigten Lebensraum. Ein typischer Bewohner alter Wälder ist der Schwarzspecht, der viele Höhlen zimmert, die schließlich auch anderen Tieren wie dem Baummarder oder Fledermäusen Unterschlupf bieten. Weitere gefährdete Säugetiere im Gebiet sind Iltis und Dachs. Aufgrund der Bodenverhältnisse finden sich in der Krautschicht Pflanzen, die auf eine vergleichsweise gute Nährstoffversorgung hinweisen: als typische Arten reicherer Buchenwälder zum Beispiel Waldmeister, Einblütiges Perlgras, Flattergras und Buschwindröschen. Daneben weisen Pflanzen wie Sauerklee, Dornfarn und Drahtschmiele auf den hohen Säuregrad des Bodens hin.

Durch die Klostertannen

Ein schönes Gebiet zum Wandern oder Radfahren sind auch die „Klostertannen", ein abwechslungsreicher Laubmischwald westlich der Ortschaft Mariensee. Vor allem für den botanisch interes-

Buschwindröschen gehören zu den frühblühenden Pflanzen und wachsen in den Wäldern überall dort, wo der Boden frisch und feucht ist.

sierten Besucher ist ein Vergleich der unterschiedlichen Waldgesellschaften interessant, die vom Drahtschmielen-Buchenwald auf den höhergelegenen, sandigen und ärmeren Standorten über Waldmeister- und Flattergras-Buchenwald auf den reicheren Standorten wie dem Basser Holz bis hin zu Moor-, Bruch- und Auwald in den Senken reichen.

Auch naturferne Nadelholzbestände machen derzeit noch einen größeren Anteil des Waldes aus, werden aber in Zukunft immer mehr Laubhölzern Platz machen. Häufig sind vor allem Fichtenbestände, daneben tauchen auch andere Nadelhölzer wie Lärche und Douglasie auf. Nur Tannen sind nicht dabei, ganz im Gegensatz zum Namen, aber der Volksmund gebrauchte den Namen „Tanne" früher häufig für alles, was Nadeln hat.

Ein charakteristischer Vertreter der Vogelwelt ist die Waldschnepfe, die im Frühjahr über den Bäumen fliegend mit den typischen, „quorrenden" und „pfuitzenden" Rufen ihr Revier markiert. Hier liegt auch das Quellgebiet der Empeder Beeke, einem der wenigen Bäche im Landkreis Hannover, in dem die Bachforelle noch natürlicherweise vorkommt. In dem sehr sauberen Wasser wächst verbreitet die Aufrechte Berle, die Bachufer besiedeln unter anderem Bitteres Schaumkraut, Sumpf-Reitgras und Winkel-Segge. Der Bach schlängelt sich durch einen naturnahen Au- und Bruchwald mit Erlen und Eschen. Als botanische Raritäten wachsen Sumpffarn und Alpen-Hexenkraut.

Das östlich an Mariensee angrenzende Basser Holz weist sehr naturnahe Altholzbestände auf, die von verlandenden Altarmen der Leine durchzogen werden. Hier wachsen z. B. Schwertlilie und Was-

Info

Kloster Mariensee

Führungen im Kloster Mariensee:
Von Mitte April bis Mitte Oktober jeweils Mi, Fr, Sa, So von 15 – 18 Uhr sowie Sa von 10 – 12 Uhr.
Weitere Informationen unter Tel. 0 50 34/16 67.

serfenchel. Der Wald zeigt Anklänge an die auch hier ehemals verbreitete, heute aber fast verschwundene Hartholzaue. In der Baumschicht kommen neben Buche und Eiche Eschen und Ulmen vor, die Strauchschicht wird unter anderem durch Weißdorn, Traubenkirsche, Stachelbeere und Pfaffenhütchen charakterisiert. Der Waldboden zeigt im Frühjahr eine reiche Krautschicht mit vielen Frühjahrsblühern, in der Hohler Lerchensporn, Buschwindröschen und Scharbockskraut hervorstechen. Sogar der im niedersächsischen Flachland seltene Bärlauch kommt vor. Der strukturreiche alte Waldbestand mit zahlreichen Spechthöhlen und angrenzenden Wasserflächen ist auch ein guter Lebensraum für Fledermäuse, die zum Beispiel durch Abendsegler, Braunes Langohr, Rauhaut-, und Zwergfledermaus vertreten werden. Über dem angrenzenden Kiesteich ziehen regelmäßig jagende Wasserfledermäuse ihre Bahnen.

In Mariensee sollten Sie auf jeden Fall auch die Gelegenheit zu einem Besuch im Kloster nutzen. Es wurde von den Zisterziensern um 1200 gegründet und erhielt 1207 die heute noch das Ortsbild beherrschende gotische Backsteinkirche. Heute ist hier ein Damenstift untergebracht. Die Bewohnerinnen haben einen schönen Kräutergarten angelegt, der bei Führungen durch Haus und Garten zu besichtigen ist. Außerdem werden Konzerte und Ausstellungen sowie Stick- und Malkurse angeboten. Ein Gedenkstein neben der Kirche erinnert an den Dichter Ludwig Hölty, der 1748 in Mariensee geboren wurde.

Im Gegensatz zu den Rotmilanen harren die Mäusebussarde bei uns im Winter aus. Zu ihnen gesellen sich dann Artgenossen aus dem nördlichen und östlichen Europa.

Rotmilane sind eine auffällige Erscheinung am Himmel über den Äckern und Wiesen. Sie sind gut an ihrem gegabelten Schwanz zu erkennen. Im Winter ziehen die meisten von ihnen in den Süden.

Ausflüge
in die weitere Umgebung

Das Schloss Landestrost in Neustadt beherbergt unter anderem das Torfmuseum.

Neustadt am Rübenberge
Stadt am Toten Moor

Das heutige Neustadt entstand im Zuge der Verwaltungs- und Gebietsreform im Jahre 1974 durch die Zusammenlegung der Kernstadt mit den umliegenden Dörfern. Jetzt ist es mit einer Gesamtfläche von rund 360 qkm - davon gut ein Viertel Wald, Moor und Heide - zwar die viertgrößte Stadt Deutschlands, bewahrt aber mit 33 zugehörigen Dörfern, der beschaulichen Kernstadt und insgesamt ca. 45 000 Einwohnern immer noch einen ländlichen Charakter. So werden sich hier vor allem diejenigen wohlfühlen, die die große Zahl von Natur- und Sport-, Freizeitaktivitäten zu schätzen wissen (siehe Kapitel „Von A bis Z - Serviceteil/Adressen").

Unterstrichen wird die Atmosphäre durch die regelmäßig in der City brütenden Störche. Die Wappentiere des Neustädter Landes haben sich auf dem „Storchenhaus" eingerichtet, einem Anfang des 18. Jahrhunderts errichteten Fachwerkbau, der einst als Schule diente. Eine Informationstafel des Naturschutzbundes gibt detaillierten Aufschluss über das Schicksal der hier ansässigen Storchenfamilien.
Die Ursprünge der benachbarten Liebfrauenkirche reichen in das 13. Jahrhundert zurück. Im Jahr 1502 wurde die gotische Hallenkirche in ihrer jetzigen Gestalt fertiggestellt. Der Innenraum wurde in den letzten Jahren sorgfältig restauriert und präsentiert sich heute in einer einerseits farbenfreudigen, andererseits aber auch schlichten Gestalt wie zur Zeit der Reformation. Bei der Restaurierung wurden Wandmalereien aus der Mitte des 17. Jahrhunderts entdeckt und teilweise freigelegt. Direkt an der Liebfrauenkirche befindet sich auch das Museum zur Stadtgeschichte. Es gibt Einblicke in die Entwicklung der Stadt Neustadt und ihrer Dörfer.

Schloss Landestrost – ein Herzog ist nicht recht bei Trost

Schloss Landestrost samt dem dahinter liegenden Amtsgarten fällt sofort auf, wenn man sich von der Bundesstraße 6 kommend der Innenstadt von Neustadt nähert. Das Schloss wurde im Stil der Weserrenaissance in den Jahren 1573 bis 1584 erbaut, nachdem eine an der gleichen Stelle befindliche mittelalterliche Burg im Jahr 1563 abgebrannt war. Auftraggeber war Herzog Erich II. zu Braunschweig und Lüneburg, Baumaterial und Arbeitskraft stellten Bauern und Handwerker nicht unbedingt freiwillig zur Verfügung. Zur Festung und Verteidigungsanlage gehörten außerdem eine Wallanlage, welche die Stadt umschloss und deren Reste noch heute am Amtsgarten und der Bastion Erichsberg zu sehen sind.
Traurige Bekanntheit erlangte Erich II. durch die von ihm veranlassten Hexenprozesse. Nachdem Erichs Mutter, die Herzogin Elisabeth zu Braunschweig-Lüneburg, in der Region (dem damaligen Fürstentum Calenberg) die Reformation durchsetzte, trat Erich II. aus politischen Erwägungen wieder zum katholischen Glauben über und betätigte sich als Söldnerführer im Kriegsdienst unter anderem für den Kaiser. Die heimischen Regierungsgeschäfte überließ er dabei weitgehend seiner Frau Sidonie. Da sich die Kriegsgeschäfte Erichs nicht sonderlich glücklich entwickelten, geriet er in finanzielle Schwierigkeiten und suchte nach einem Weg, an das Vermögen seiner Frau zu gelangen. Da schien der Vor-

Info Neustadt

**Museum zur Stadtgeschichte in Neustadt,
An der Liebfrauenkirche 7,
Tel. 0 50 32/9 43 18.
Öffnungszeiten:
Di., Do. So. 15 - Uhr und
Fr. 10 - 12 Uhr und
nach Vereinbarung.**

wurf der Hexerei gerade recht: Sidonie habe zusammen mit weiteren Personen versucht, ihn zu vergiften. Bald wurden die ersten Menschen verhaftet, gefoltert und getötet. Die Vorwürfe weiteten sich immer weiter aus, insgesamt sollen damals mehr als 60 Frauen und Männer eingekerkert und 41 Menschen verbrannt worden sein. Schließlich ließ sich der großangelegte Hexenprozess nicht einmal mehr unter den damaligen Umständen rechtfertigen, und Erich II. war schließlich gezwungen, die Unschuld seiner Frau Sidonie öffentlich anzuerkennen und die Überlebenden freizulassen.
Im Lauf der Jahrhunderte änderte sich die Nutzung des Schlosses vom herzoglichen Wohnsitz zum Sitz der Verwaltung des Amtes und später des Kreises Neustadt. Nach einer umfassenden Restaurierung beherbergt es heute das Torfmuseum, das Archiv des Landkreises Hannover und eine kleine Ausstellung zu Erich II. und Schloss Landestrost. Der Saal aus dem 16. Jahrhundert bietet einen stilvollen Rahmen für Konzerte, Ausstellungen und andere Veranstaltungen. Der architektonisch weniger gelungene Neubau auf der anderen Seite des Schlosshofs beherbergt unter anderem die Stadtbibliothek.
Im Schloss befindet sich auch die einzige Sektkellerei Niedersachsens. In den Gewölben unter dem Amtsgarten - den so genannten Kasematten - lagert der Sekt bis zu sechs Jahren auf der Champagnerhefe. Der Wein für den Sekt stammt allerdings nicht aus der Umgebung Neustadts, sondern aus Frankreich und Süddeutschland.
Ein Spaziergang durch den angrenzenden „Amtsgarten" ermöglicht einen schönen Ausblick auf die Leineaue. Hier befinden wir uns auch am rechten Platz, um uns kurz mit dem etwas merkwürdigen Beinamen Neustadts zu beschäftigen. „Rübenberge" wird man in Neustadt selten sehen (diese finden sich eher in der südlich angrenzenden Börde mit ihren ertragreicheren Böden). Auch „Räuberberg" wird als Ursprung der Namensgebung genannt, und mit Blick auf die beschriebenen Details der Neustädter Geschichte könnte daran sogar ein Körnchen Wahrheit sein. Allerdings beruht der Beiname der Stadt wohl auf dem alten Wort „rouwer" was soviel wie „rauer Berg" heißt. Gemeint sein könnte hiermit vielleicht der Amtsgarten, der im Vergleich zum platten Land ringsherum wirklich eine herausragende Höhe erreicht.
Schloss und Amtsgarten nebst der angrenzenden Leineniederung sind übrigens bei Fledermäusen ein beliebtes Jagdgebiet. Die Ortsgruppe des Naturschutzbundes führt regelmäßig sehr empfehlenswerte Führungen durch, bei denen man die flatterhaften

Info

Schloss Landestrost

Die Ausstellung zu Erich II. und zur Geschichte des Schlosses ist geöffnet von Mi – Fr jeweils 10 – 12 Uhr und Di, Sa und So von 14 – 17 Uhr Tel. 0 50 32/89 91 56.

Nachtjäger hautnah erleben und viel wissenswertes über ihr Leben erfahren kann. Im Winter lieben es die Fledermäuse übrigens ähnlich kühl wie der Sekt und nutzen die Kasematten gern als Winterquartier.

Im Torfmuseum zu sehen: Einfache Werkzeuge, mit denen früher im Moor der Torf gestochen wurde.

Schallplatten aus Torf? – Torfmuseum Neustadt

Eine gute Gelegenheit, sich mit dem Thema Moor auch bei schlechtem Wetter und garantiert mückenfrei - dafür mit dem Trillern des Brachvogels als Hintergrundgeräusch - zu beschäftigen, bietet das Torfmuseum in Neustadt im Schloss Landestrost. Das kleine Museum erzählt die Geschichte der Moore und des Torfes von ihrer Entstehung über die Nutzung bis hin zum Schutz der verbleibenden Moore. Thematisiert werden unter anderem die Besiedlung der norddeutschen Moore und die Arbeits- und Lebensbedingungen der Menschen im Moor. Interessant sind zum Beispiel die historischen Fotos aus dem Toten Moor, die einen völlig anderen Landschaftseindruck als heute bieten. Auch einige archäologische Funde sind zu sehen.
Aus heutiger Sicht erstaunlich sind die vielen Produkte, die seit Beginn der Industrialisierung aus Torf gewonnen wurden und die zum Teil in einer kleinen Vitrine zu bestaunen sind. Tatsächlich: Auch Schallplatten wurden aus diesem Rohstoff hergestellt! Die Torfsäcke am Eingang des Museums aus neuerer Zeit weisen jedoch darauf hin, dass Torf heute vor allem als - aus ökologischer Sicht problematisches - Gartensubstrat bekannt ist. Auch gefährdete Tiere und Pflanzen des Moores haben einen Platz in der Ausstellung gefunden, Torfabbau und Moorschutz werden jedoch etwas kurz und betont neutral nebeneinander dargestellt.

Info

Torfmuseum

im Schloss Landestrost,
Schlossstr. 1,
31535 Neustadt a. Rbge.,
Tel. 0 50 32/8 99-1 56, -158,
Öffnungszeiten
Mi, Do, Fr. 10 – 12 Uhr,
Di, Sa, So 14 – 17 Uhr,
Führungen nach
Voranmeldung.

Rehburger Berge

Der letzte Zipfel der Mittelgebirge

Die Rehburger Berge stellen einen letzten Ausläufer des Mittelgebirges im norddeutschen Tiefland dar. Zwar ist der Höhenzug mit seinen maximal 160 Metern Höhe vergleichsweise bescheiden, aber dennoch hat man nach Norden hin über das flache Land einen beeindruckenden Ausblick. Der Blick über das Steinhuder

Blick von der „Bergkette" von Bergkirchen aus.

Meer ist einer der landschaftlichen Reize des sonst inzwischen etwas verblichenen Kurortes Bad Rehburg.
Der Kamm der Rehburger Berge besteht aus Sandstein, der zur Zeit der Unterkreide vor rund 130 Millionen abgelagert wurde, als das mittlere Niedersachsen von einem Binnensee eingenommen wurde. Der begehrte Obernkirchener Sandstein ist in zahlreichen Steinbrüchen aufgeschlossen. Eingelagert in den Sandstein sind mehrere Kohleflöze, die bis Mitte des 20. Jahrhunderts abgebaut wurden. Heute dienen die Kohlestollen nur noch Fledermäusen als Winterquartier.
Als die Rehburger Berge durch tektonische Vorgänge in die Höhe gehoben wurden, wurde der entstandene Sattel, der aus älterem und relativ weichem Gestein bestand, durch die Erosion schneller abgetragen als die harten Sandsteinflanken. Im Zentrum des Höhenzugs bildete sich deshalb um die heutigen Orte Wiedenbrügge und Schmalenbruch herum eine Mulde - ein Vorgang, der von Geologen als „Reliefumkehr" bezeichnet wird. Das Gebiet wurde später auch von den Gletschern der Elster- und der Saale-Eiszeit überlagert, die noch ein ganzes Stück weiter nach Süden vordrangen.
Entsprechend der unterschiedlichen Geologie bietet auch die Vegetation des Gebietes ein anderes Bild als die nördlich des Steinhuder Meeres.
Auf nährstoffreichen und oft frischen bis feuchten, lehmigen Böden wuchsen hier ursprünglich Buchenwälder. Als charakteristische Arten basenreicher Standorte kommen Buschwindröschen, Waldmeister, Einblütiges Perlgras und Wald-Bingelkraut vor. Die är-

meren Bereiche sind durch Drahtschmiele, Breitblättrigen Dornfarn und Faulbaum gekennzeichnet, auf den atlantischen Klimaeinfluss weist die Stechpalme hin. Auf mäßig nassen, gut nährstoffversorgten Standorten ist ein Eichen-Hainbuchenwald zu finden, der aber nur noch selten naturnah erhalten ist. Die Buche ist hier durch die Nässe geschwächt und tritt gegenüber Stieleiche, Hainbuche und Esche zurück. Hier wachsen Scharbockskraut, Großes Hexenkraut, Wald-Ziest, Große Sternmiere, Echtes Springkraut und Frauenfarn.
In kleinen Bachtälchen und Quellbereichen finden sich Erlen- und Eschenbestände mit Winkel-Segge, Scharbockskraut und Rasenschmiele als typischen Arten. Im Frühjahr zeigt hier auch die Wald-Primel ihre auffallenden, hellgelben Blüten. Ein besonders strukturreicher und naturnaher - jedoch nicht allzu großer - Bachauenwald mit Esche, Erle, Hainbuche und Eiche ist am östlichen Ortsrand von Bad Rehburg zu finden.
Viele Naturschönheiten können nicht darüber hinwegtäuschen - die Waldschäden sind hier wie im ganzen Land nach wie vor besorgniserregend. Die Waldschadenserhebung 2000 ergab, dass in Niedersachsen noch immer rund die Hälfte der Bäume krank sind, vor allem bei den alten Bäumen sind deutliche Schäden zu verzeichnen. Grund zur Besorgnis besteht besonders bei den Laubbaumarten Buche und Eiche. Da die durch die Luftverschmutzung geschwächten Bäume auch insgesamt anfälliger sind, machten sich in den letzten Jahren unter anderem Eichenwickler und Eichenprachtkäfer bemerkbar, die den Zustand bereits geschädigter Eichen weiter verschlimmerten.

Weserstaustufe Schlüsselburg

Ein Feuchtgebiet von internationaler Bedeutung

Was tun Vogelbeobachter, wenn im Winter das Steinhuder Meer zugefroren ist und die meisten Gastvögel weitergezogen sind? Sie ziehen - zumindest zum Teil - ebenfalls weiter, denn ein Stück westlich des Steinhuder Meeres liegt die Weser. Der Fluss friert im Winter nicht so schnell zu wie die umliegenden Stillgewässer und beherbergt daher vor allem bei starker Kälte viele Vögel. Die hohe Zahl rastender Wasservögel hat dazu geführt, dass das Gebiet zwischen den Orten Schlüsselburg und Hävern ebenso wie das Steinhuder Meer unter dem Namen „Weserstaustufe Schlüsselburg" als

Feuchtgebiet internationaler Bedeutung ausgewiesen wurde.
Die Weseraue bietet landschaftlich allerdings an vielen Stellen ein recht enttäuschendes Bild: sie wird intensiv landwirtschaftlich genutzt und bietet nur wenige einstmals typische Auenlebensräume wie z. B. Nassgrünland oder gar Auwälder. Seine heutige, sekundäre Bedeutung für die Vogelwelt verdankt das Gebiet zum Teil drastischen menschlichen Eingriffen im Zuge des Ausbaus der Weser als Wasserstraße und der Rohstoffgewinnung. Bei Schlüsselburg wurde eine mehrere Kilometer lange Flussschlinge durch ein in den fünfziger Jahren errichtetes Wehr aufgestaut und durch den Bau eines Kanals westlich von Schlüsselburg von der heutigen Schifffahrtsstraße abgetrennt. Der Fluss gleicht hier durch die stark verminderte Fließgeschwindigkeit einem See, der hohe Salzgehalt des Weserwassers trägt jedoch dazu bei, dass er erst relativ spät zufriert. Hinzu kommen großflächige Auskiesungen, die an verschiedenen Stellen (so auch bei Hävern) entstanden sind und die sich ebenfalls zu bedeutenden Vogellebensräumen entwickelt haben.
Die Lage zwischen den benachbarten Seen Steinhuder Meer und Dümmer führt dazu, dass viele Arten das Gebiet als „Trittstein" nutzen. Zahlreich zu beobachten sind Entenarten wie Tafel- und Reiherente. Für die Schellente ist das Gebiet eines der wichtigsten Winterrastplätze im norddeutschen Binnenland. Auch arktische Gänsearten wie Bläss- und Saatgans, Zwerg- und Gänsesäger sowie Zwergtaucher sind im Winter regelmäßig anzutreffen. Neben Höckerschwänen sind auch Sing- und Zwergschwäne bei der Nahrungssuche zu beobachten.
Im Winter, wenn die Kiesteiche zugefroren sind, gelingen die besten Beobachtungen von der Staustufe zwischen den Orten Schlüsselburg und Wasserstraße oder von der Ortschaft Heimsen aus. Von Schlüsselburg aus besteht auch die Möglichkeit zu einer landschaftlich recht reizvollen Wanderung entlang des Damms der Weserschleife. Einen Turm gibt es westlich Schlüsselburg, er bietet jedoch nur mäßige Beobachtungsmöglichkeiten.
Die als Naturschutzgebiet ausgewiesenen Kiesteiche bei Hävern können von zwei Beobachtungsständen überblickt werden, die auf einem Rundwanderweg von Großenheerse oder auch von Hävern aus zu erreichen sind. Ein Besuch lohnt sich vor allem im Sommer, dann können hier als Brutvögel z. B. Haubentaucher beobachtet werden, aber auch Arten wie Brandgans, Austernfischer und Sandregenpfeifer, die im Binnenland nur selten brüten. Von Juli bis

April sind hier zahlreiche Gäste - z. B. mausernde Stock- und Reiherenten - zu sehen, bei Frost frieren die Teiche jedoch schnell zu.

Auf den Ackerflächen in der Umgebung des Steinhuder Meeres rasten im Herbst häufig Kraniche.

Bissendorfer Moor

Eine „heile Haut"

Das Bissendorfer Moor ist mit einer Größe von knapp 10 qkm erheblich kleiner als das Tote Moor. Es wurde aber vielleicht auch deshalb viel weniger als andere Moore durch Abtorfung zerstört. Lediglich am Rand finden sich bäuerliche Handtorfstiche, das Zentrum des Moores ist jedoch unzerstochen und nur durch Entwässerung gesackt, es weist aus diesem Grund eine intakte Oberfläche auf (Naturschützer sprechen von „heiler Haut" im Gegensatz zum „narbigen" Antlitz vieler anderer Moore). Maschineller Torfabbau hat hier nie stattgefunden. Das Bissendorfer Moor zählt infolgedessen heute zu den wertvollsten Hochmoorflächen in ganz Deutschland.

Bereits seit den siebziger Jahren werden regelmäßig Pflegemaßnahmen durchgeführt, um das Moor wiederzuvernässen und Gehölze zu entfernen. Heute ist das Zentrum des Moores weitgehend baumfrei und weist sehr naturnahe Pflanzengesellschaften auf. Neben Moorheideflächen finden sich hier auch Torfmoosschwingrasen und ein Mosaik von Bulten und Schlenken, was darauf hinweist, dass das Hochmoor sich regenerieren und weiterwachsen

kann. Eine weitere Besonderheit ist der natürliche Moorkolk in der Mitte des Moores, der „Muswillensee".
Das Bissendorfer Moor bietet deshalb im Gegensatz zu den allermeisten anderen Hochmooren in Norddeutschland die Gelegenheit, den typischen Landschaftseindruck ursprünglicher Hochmoore kennen zu lernen. Zwei Beobachtungstürme am Nord- und Südrand des Moores und ein Moorwanderpfad geben dem Besucher einen guten Einblick in die Landschaft. Im Gebiet sind Schwarzkehlchen und Baumpieper zu beobachten, über den Moorgewässern jagt der Baumfalke nach Libellen. In der Dämmerung lassen sich mit etwas Glück die „meckernden" Fluglaute der Bekassine verhören, die der Vogel mit den abgespreizten äußeren Schwanzfedern erzeugt. Das Moor ist auch Lebensraum für seltene Reptilien wie Schlingnatter und Kreuzotter.
Durch die leichte Erreichbarkeit von Hannover aus hat sich das Bissendorfer Moor zu einem beliebten Naherholungsgebiet entwickelt. Der Besucher gelangt auf den Wanderwegen bis dicht an den empfindlichen Kernbereich des Moores. Deshalb noch einmal die - für den Naturliebhaber selbstverständliche - Bitte, das Wegegebot zu respektieren, den Hund anzuleinen und sich auch sonst „naturverträglich" zu verhalten.

Blankes Flat

Eines der ersten Naturschutzgebiete

Eine sehr schöne Möglichkeit, auf einer landschaftlich reizvollen Rundwanderung eine Heidelandschaft etwas abseits vom Steinhuder Meer kennen zu lernen, bietet das Naturschutzgebiet „Blankes Flat". Im Spätsommer steht die rotviolette Besenheide in voller Blüte, dazwischen wächst dunkelgrüner Wacholder und Ginster. Der sandige Weg führt über sanft gewelltes Gelände, wo nach der letzten Eiszeit der Wind mitgeführten Sand ablagerte, sodass mehrere Dünenzüge entstanden.
Zwischen den Dünen liegt ein Heideweiher (ein so genanntes „Flat"), der seine Entstehung einer stauenden Lehmschicht unter den Dünen verdankt. Die Randbereiche des Gewässers und weitere kleine Senken sind inzwischen unter Torfbildung verlandet und vermoort. Das Gebiet beinhaltet auf kleinem Raum verschiedene, für Nordwestdeutschland ehemals typische Landschaftselemente vom nährstoffarmen Heideweiher über Feucht- und Trockenheiden bis hin zu Sandtrockenrasen und bietet damit selten gewordenen

Pflanzen und Tieren Lebensraum. Hier kann man beispielsweise die schwarz-rot oder schwarzgelb gezeichneten Moosjungfern bewundern oder im zeitigen Frühjahr dem geschäftigen Blubbern aus hunderten Moorfroschkehlen lauschen. Auch der Kleine Wasserfrosch oder typische Vogelarten wie die Heidelerche sind anzutreffen.

Das Blanke Flat nördlich Neustadt mit seiner im Sommer besonders reizvollen Heidelandschaft.

Das Gebiet wurde jahrhundertelang als Heide zur Schafweide und zum Plaggenhieb genutzt, der kleine See selber diente den Bewohnern der umliegenden Dörfer zum Baden. Erst seit dem letzten Jahrhundert wurden die Randbereiche des heutigen Naturschutzgebietes mit Kiefern aufgeforstet. Bereits in der ersten Hälfte des 20. Jahrhunderts wurden Naturschützer auf das Gebiet aufmerksam. Im Jahr 1926 wurde in Hannover eine „Provinzialstelle für Naturdenkmalpflege" eingerichtet und eine Vegetationskartierung der Provinz Hannover durchgeführt, bei der auch das Blanke Flat „entdeckt" wurde. Als eines der ersten Naturschutzgebiete überhaupt wurde es schon 1930 - neun Jahre nach dem „Naturschutzpark Lüneburger Heide", dem ersten deutschen Naturschutzgebiet - unter Schutz gestellt. Trotz der Unterschutzstellung verschwand jedoch in den folgenden Jahren die Heide durch Aufgabe der Beweidung und Aufforstung fast vollständig. Erst heute sind wieder größere Heideflächen vorhanden, die ständig gepflegt werden müssen, um eine Verbuschung zu verhindern.

Wunstorf

Fachwerk und Kultur

Wem am Steinhuder Meer der Sinn nicht nur nach Natur steht, der ist in Wunstorf am richtigen Platz. Die bereits um 871 erstmals urkundlich erwähnte Stadt bietet zahlreiche historische Sehenswürdigkeiten. So findet man in der Innenstadt viele schön restaurierte Fachwerkhäuser. Besonders die „Wasserzucht", eine alte kopfsteingepflasterte Gasse mit Häusern aus dem 17. Jahrhundert, bietet ein stimmungsvolles Gesamtbild. Auch das von-Holle'sche-Haus, ein Renaissancebau, im Volksmund „Röbbingsturm" genannt, ist hübsch anzusehen.

In Wunstorf gibt es zahlreiche Fachwerkhäuser. Hier das Amtshaus.

Die Stiftskirche in Wunstorf.

Der Turm der Stadtkirche St. Bartholomaei stammt aus dem 12. Jahrhundert. Der am Turm befestigte eiserne Korb sollte einer Interpretation zufolge vor der drohenden Pest warnen. Später vergaß man wohl, ihn abzuhängen - oder hatte man sich bereits daran gewöhnt? Ein weiteres Wahrzeichen Wunstorfs ist die spätromanische Stiftskirche, die man nach Überquerung der Hauptverkehrsstraße östlich der Fußgängerzone erreicht. Die kreuzförmige Basilika mit einer eindrucksvollen Haupt- und Nebenapsis wurde im 12. Jahrhundert errichtet und gilt als Glanzstück mittelalterlicher Baukunst.

An der Nordseite der Stadtkirche liegt die im 15. Jahrhundert errichtete Abtei. Hier werden heute Konzerte, Kunstausstellungen, Lesungen und Vorträge veranstaltet. Als weitere musikalische Attraktion findet in Wunstorf regelmäßig am ersten Juniwochenende im Jahr das Jazzchorfestival mit einem vielfältigen Angebot an bekannten und noch unbekannten Künstlern aus dem In- und Ausland statt. Ein interessantes kulturelles Angebot und einen gemütlichen Treffpunkt für junge und junggebliebene Menschen bietet die „Kühne Kneipe" Küster's Hof. Auch das Kommunikationszentrum „Die Wohnwelt" des Vereins Lebenstraum e. V. bereichert mit Theater, Kleinkunst und Musik das alternative Kulturangebot.

Mit Wunstorf verbindet sich auch ein unrühmliches Kapitel deutscher Geschichte. Der nördlich von Wunstorf gelegene Fliegerhorst, dem das letzte naturnahe Heidegebiet der Region weichen musste, wurde von den Nazis im Rahmen der Kriegsvorbereitungen im Jahr 1936 fertiggestellt. Bereits kurz danach bestand der Militärflugplatz seine erste Bewährungsprobe: hier geschulte und für den Einsatz im spanischen Bürgerkrieg vorbereitete Bomberbesatzungen legten 1937 die baskische Stadt Gernika in Schutt und Asche. Der Flugplatz wird heute von der Bundeswehr genutzt und ist in Auslandseinsätze wie z. B. im ehemaligen Jugoslawien eingebunden.

Ökosystem

Steinhuder Meer - Schutzmaßnahmen

Ein wertvolles und naturnahes, aber auch sensibles Ökosystem wie das Steinhuder Meer mit seinen angrenzenden Lebensräumen und seinen Bewohnern benötigt entsprechenden Schutz, wenn wir dessen Reichhaltigkeit an nachfolgende Generationen weitergeben wollen. Große Teilbereiche sind heute als Naturschutzgebiet, in denen die Natur Vorrang vor Nutzungen haben soll, gesichert. Um der internationalen Bedeutung des Gebietes gerecht zu werden, sind die Seefläche, die Naturschutzgebiete und kleine Nachbarbereiche sowohl als EU-Vogelschutzgebiet, als auch als FFH-Gebiet (nach der Fauna-Flora-Habitat-Richtlinie der EU) ausgewiesen und somit Bestandteil des europäischen Schutzgebietsnetzes mit dem Namen Natura 2000. Schließlich genießt das Steinhuder Meer aufgrund seiner Bedeutung für wandernde Vogelarten als eines von 31 deutschen Gebieten den Status eines „Feuchtgebietes internationaler Bedeutung" nach der Ramsar Konvention (benannt nach dem Konferenzort Ramsar im Iran).
Dennoch herrscht nicht nur „Friede, Freude, Eierkuchen" am Steinhuder Meer, denn oft täuscht der hohe und gewichtige Status des Steinhuder Meeres über die reichlich vorhandenen Probleme hinweg.
Ein Reise- und Freizeitführer mit dem Titel Naturerlebnis Steinhuder Meer verdient seinen Namen sicher nicht, wenn nicht auch die Probleme angesprochen werden, die sich der Bewahrung der Natur entgegenstellen. In diesem Kapitel wollen wir deutlich machen, welchen maßgeblichen Veränderungen der Naturraum in den letzten Jahren unterlag, und welche Konsequenzen das menschliche Einwirken für die Lebensräume am Steinhuder Meer (immer noch) hat.

Nur etwa 3,2 Prozent der Landesfläche Niedersachsens sind Naturschutzgebiet. Hier ist eine besondere Rücksichtnahme auf gefährdete Tiere und Pflanzen erforderlich.

Die Ströme Rad fahrender Besucher, wie hier im Naturschutzgebiet Meerbruchswiesen, reißen an sonnigen Wochenenden nicht ab. Keine leichte Aufgabe für den Naturschutz.

Vom Beobachtungsturm im Naturschutzgebiet Ostufer Steinhuder Meer eröffnen sich interessante Einblicke in das Leben im Schilfröhricht.

Ein Naturraum im Wandel der Zeit

Veränderungen

Durch Inbesitznahme, Waldrodung, landwirtschaftliche Nutzung, Torfabbau und erste Entwässerungsmaßnahmen wurde schon vor Jahrhunderten das Gesicht der Landschaft stark verändert. Aber gerade in den letzten Jahrzehnten ist der Druck auf den Landschaftsraum besonders stark und folgenschwer geworden. Klaus Fesche beschreibt in seinem Buch „Auf zum Steinhuder Meer" eindrucksvoll die „Geschichte des Tourismus am größten Binnensee Niedersachsens". Im folgenden sollen Beispiele die touristische Entwicklung und die daraus entstandenen Konsequenzen verdeutlichen.

Fallbeispiel Nordufer

Ab Anfang der fünfziger Jahre wurde vor allem das Nordufer zunehmend besiedelt, obwohl es bereits 1950 als Landschaftsschutzgebiet ausgewiesen worden war. Der Charakter der bis dahin weitgehend unberührten Wald- und Heidelandschaft änderte sich zunehmend, denn es entstanden Campingplätze und Wochenendhäuser. Die stetig wachsende touristische Infrastruktur und der Straßenbau beschleunigten die Erschließung des Nordufers und den Wildwuchs von Wochenendhäusern, die teilweise illegal entstanden waren. Bereits 1963 bildete das Wochenendhausgebiet ein fast 3,5 Kilometer langes geschlossenes Band (Verband Großraum Hannover an den Landkreis Neustadt/Rbge, 26.04.1963, zit. bei Fesche 1998). Heute stehen am Nordufer rund 600 Wochenendhäuser dicht an dicht.

Aber auch am Südufer versperrten zunehmend Wochenendhäuser den öffentlichen Zugang zum See. Allein zwischen 1951 und 1965 entstanden dort 128 Wochenendhäuser und zerstörten weite Bereiche der ökologisch sensiblen Uferzone. Die großflächige Entschilfung von 78 000 Quadratmetern Uferfläche und die anschließende Aufspülung von 100 000 Kubikmetern Sand zur Schaffung von Badestränden und einer vier Kilometer langen Uferpromenade Mitte der sechziger Jahre war aus heutiger Sicht eine große Katastrophe. Der Lebensraumverlust für zahlreiche Tier- und Pflanzenarten in einem sensiblen Bereich, die Verminderung der Selbstreinigungskraft des Sees und die Freisetzung von Schlamm waren die fatalen Folgen.
Um die chaotischen Zustände am Steinhuder Meer zu beseitigen, verfolgte der am 14. Dezember 1962 gegründete Großraumverband im wesentlichen drei Punkte: die Uferbereiche für die Allgemeinheit zugänglich zu machen, einen Wanderweg entlang des Ufers anzulegen und Grundstücke für Erholungsbereiche zu erwerben.
Der bis dahin glücklicherweise vom Bauboom verschonte Weiße Berg konnte mittlerweile durch die öffentliche Hand erworben werden. Die Uferpromenade wurde gebaut. Leider wurde zur besseren Erschließung des Nordufers 1967/68 die Moorstraße quer durch das Tote Moor gebaut. Die Straße stellt noch heute eine böse Reptilienfalle dar, da sich die Kriechtiere vor allem abends auf dem aufgewärmten Asphalt aufhalten und überfahren werden. Heute besuchen Tausende von Gästen die Strandpromenade am Nordufer, und rund 2 500 Boote liegen an den Steganlagen Mardorfs. Aus der im neunzehnten Jahrhundert noch weitgehend unberührten Landschaft ist ein Rummelplatz geworden, in dem scheue Tiere keine Rückzugsgebiete mehr finden können.

Das Südufer – durch Zufall bewahrt

Im Vergleich zum Nordufer ist die Natur am Südufer zwischen Steinhude und Hagenburg noch vergleichsweise gut weggekommen. Denn nach dem Bau der Südpromenade in den Jahren 1972 und 1973, bei der die sensible Uferzone stark in Mitleidenschaft gezogen wurde, bestand das Bedürfnis, das Südufer in diesem Bereich voll zu erschließen und ein Feriengebiet zu bauen. Dann rettete ein wichtiger „Zufall“ die Tiere, Pflanzen und Lebensräume am Südufer, denn wegen der Gebietsreform im Jahr 1974 schieden Hagenburg und Altenhagen aus dem Großraumverband aus und die Erschließungspläne wurden glücklicherweise eingemottet.

Wie man unschwer erkennen kann, hinterließ der Tourismus tiefe Spuren in der Natur. Umso erschreckender ist es, dass der Naturschutz noch heute um jeden Quadratmeter ringen muss.

Lebensräume in Not

... und was man zu ihrem Schutz tun kann

Aber ein naturferner, unkontrollierter Tourismus ist nicht die einzige Gefahr für die Natur am Steinhuder Meer. Der See selbst und ein Teil der angrenzenden Grünländereien werden heute zu intensiv genutzt. Das Tote Moor wird weiterhin durch den Torfabbau unwiederbringlich zerstört.

Ein wichtiges Ziele heutiger Naturschutzbemühungen ist deshalb, Nutzung und Naturschutz so unter einen Hut zu bringen, dass Tiere und Pflanzen für nachfolgende Generationen erhalten werden können. In diesem Kapitel sollen die Naturschutzbemühungen ihren Platz bekommen, an denen jeder seinen Anteil hat, der sich um den Schutz der Natur bemüht oder sich als Nutzer und Besucher des Steinhuder Meeres an die „Spielregeln" hält.

Die Ökologische Schutzstation Steinhuder Meer in Winzlar.

THEMEN **INFO**

Die Ökologische Schutzstation Steinhuder Meer

Die intensive Ausübung verschiedener Freizeitaktivitäten, die intensive landwirtschaftliche Nutzung und die haltlose Zerstörung der Hochmoore durch den Torfabbau führen zwangsläufig zum Konflikt mit dem Naturschutz. Um solche Konflikte zu entschärfen haben ehrenamtliche Naturschützer und das Land Niedersachsen einen wichtigen Schritt gewagt und zwei Institutionen gegründet, welche die Konflikte zwischen Naturschutz und Nutzung des Steinhuder Meeres und Umgebung entschärfen sollen.

So entstand im Jahr 1991, durch die örtlichen Naturschutzgruppen gegründet, der Verein „Ökologische Schutzstation Steinhuder Meer", kurz „ÖSSM e.V." Dieser bündelt heute die Kräfte des außerbehördlichen Naturschutzes. Die ÖSSM ist seit 1992 Eigentümer eines rund 150 Jahre alten, heute nach historischen und ökologischen Gesichtspunkten renovierten Resthofes in Winzlar. Hier arbeiten Wissenschaftler, Teilnehmerinnen des Freiwilligen Ökologischen Jahres (FÖJ), Zivildienstleistende, Praktikanten und ehrenamtliche Naturschützer an einer gemeinsamen Sache: den Naturschutz und die Umweltbildung in der Region zu stärken.

Die ÖSSM erhebt heute u. a. wissenschaftliche Grundlagendaten, die als Basis für effektive Pflege- und Entwicklungsmaßnahmen in den Naturschutzgebieten von großer Bedeutung sind. Von den Behörden werden in enger Kooperation mit dem Verein die Maßnahmen umgesetzt. Die Erfolge dieser Arbeitsstrategie sind unverkennbar und heute nicht mehr wegzudenken. In diesem Zusammenhang arbeitet die ÖSSM außerdem mit verschiedenen Universitäten zusammen. Die Betreuung von Diplom- und Examensarbeiten hilft dem Verein, naturschutzfachliche Fragen zu beantworten, die im „Arbeitsalltag" nicht gelöst werden können.

Das Stationsgebäude der ÖSSM liegt im Ortsteil Winzlar der Stadt Rehburg-Loccum und ist unter ökologischen Kriterien beispielhaft saniert worden. Dort befindet sich eine sehenswerte Dauerausstellung, in der die Besucher sich selbst aktiv Naturphänomene erschließen können. Hier kann man Turmfalken und Schleiereulen über Monitore live bei der Aufzucht ihres Nachwuchses beobachten, Fledermäuse mit Tonbeispielen lebendig werden lassen und in den Schilfgürtel lauschen. Aber auch Beobachtungen mitten in der Natur bietet die ÖSSM an. Ein gemeinsam mit dem Naturpark Steinhuder Meer und den Naturschutzverbänden herausgegebenes Jahresprogramm enthält rund 70 geführte Wanderungen unter fachkundiger Anleitung. Für Gruppen sind zusätzliche Führungen nach Absprache möglich.

Auch ein Team von vier Lehrern des an die ÖSSM angeschlossenen Regionalen Umweltbildungszentrums, das regelmäßig mit Schulklassen Naturerlebnispädagogik betreibt, legt bereits früh eine wichtige Grundlage für ein entspre-

Sommerfeststimmung in der ÖSSM. Einmal im Jahr findet hier ein Hoffest statt, an dem hunderte Besucher aus der Umgebung teilnehmen.

„Man kann nur schützen, was man kennt" - Naturerlebnislernen mit der ÖSSM.

Programm für die Kleinen: Kinderschminken auf dem Hoffest.

Info

Ökologische Schutzstation

Ökologische Schutzstation Steinhuder Meer (ÖSSM e. V.), Hagenburger Straße 16, 31547 Rehburg-Loccum, Ortsteil Winzlar, Tel. 0 50 37/9 67 - 0, Fax: 0 50 37/57 38, E-Mail: info@oessm.org, Internet: www.oessm.org., Spendenkonto: Stadtsparkasse Wunstorf (Blz. 251 524 90), Konto-Nr. 304 840. Bezirksregierung Hannover, Naturschutzstation Steinhuder Meer, Hagenburger Straße 16, 31547 Rehburg, Telefon: 0 50 37/55 33, Fax: 0 50 37/56 73.

chendes Umweltverständnis.
Im selben Gebäude ist die Naturschutzstation, eine Außenstelle der Oberen Naturschutzbehörde (Bezirksregierung Hannover), untergebracht. Zu ihrem Aufgabenbereich gehört u. a. die Ausweisung und Betreuung der Naturschutzgebiete. Sie arbeitet vor Ort eng mit den Landkreisen, den Naturschutzverbänden und den Landwirten zusammen.

THEMEN **INFO**

Der Naturpark Steinhuder Meer

Naturparke in Deutschland sind großräumige Gebiete, die überwiegend aus Landschaft- oder Naturschutzgebieten bestehen, sich für die Erholung besonders eignen und demnach nach den Zielen der Raumordnung für die Erholung und den Fremdenverkehr vorgesehen sind. So steht es im Niedersächsischen Naturschutzgesetz.
Der 310 qkm große Naturpark Steinhuder Meer wurde 1974 gegründet. Rund zehn Prozent seiner abwechslungsreichen Landschaft aus Wäldern (23 %), Mooren (25 %), Geestrücken, Dörfern und dem Steinhuder Meer (9,7 %) sind als Naturschutzgebiete geschützt. Träger des Naturparks ist die Region Hannover. Weitere Partner sind die Landkreise Nienburg und Schaumburg.
Trotz der starken Ausrichtung des Naturparks auf die touristische Entwicklung der Region, sieht er heute den Naturschutz als eine seiner wichtigsten Aufgaben. Der Lenkung der zahlreichen Besucher am Steinhuder Meer kommt dabei eine besondere Bedeutung zu. So wird ihnen beispielsweise durch die vom Naturpark geschaffenen Beobachtungstürme und Stege ermöglicht, Einblicke in besonders schöne Landschaftsräume zu bekommen. Für sein vorbildliches Besucherlenkungskonzept ist der Naturpark Steinhuder Meer bei Bundeswettbewerben zweimal mit der Gold- und einmal mit der Silbermedaille ausgezeichnet worden.
Im Jahr 1989 eröffnete der Naturpark seine Infostelle in Mardorf. Ein weiterer Anziehungspunkt wurden die im Jahr 2000 im Rahmen der EXPO 2000 eröffneten Infoscheunen in Steinhude. Kernstücke des Infozentrums sind Information über das Steinhuder Meer und die beiden EXPO-Projekte im Hochmoor und in den Meerbruchswiesen (siehe Kapitel „Der Meerbruch mit den Meerbruchswiesen“ und „Von Moosjungfern, grundlosen Seen und Torfwüsten“). Dorthin veranstaltet der Naturpark auch geführte, naturkundliche Wanderungen. Das Naturparkpro-

gramm in den „Infoscheunen" wird mit wechselnden Ausstellungen, Vorträgen und Filmveranstaltungen fortgesetzt.
Im Jahr 1998 wurde der Naturpark Steinhuder Meer zusammen mit den Naturparken Frankenwald (Bayern) und Insel Usedom (Mecklenburg-Vorpommern) Bundespilotprojekt im Rahmen der „Europäischen Charta für nachhaltigen Tourismus in Schutzgebieten" und im Jahr 2001 in die Europäische Charta aufgenommen.

Info

Naturpark Steinhuder Meer

Geschäftsstelle, Hildesheimer Straße 20, 30169 Hannover,
Tel. 05 11/9 89 22 11, Fax: 05 11/9 89 12 31 28;
E-Mail: info@naturpark-steinhuder-meer.de;
Internet: www.naturpark-steinhuder-meer.de.

Info-Zentrum Steinhude, Am Graben 4/6, 31515 Wunstorf,
OT Steinhude; Tel. 0 50 33/93 91 34, Fax: 0 50 33/93 91 35.
Infostelle Mardorf, Mardorferstr. 6b, 31535 Neustadt am Rbg,
OT Mardorf, Tel.: 05 36/8 89.

Teiche, Tümpel, Blänken und die Wiedervernässung des Grünlandes

Im Frühling stehen große Teile der Meerbruchswiesen unter Wasser. „Schuld" daran haben die zahlreichen Stauanlagen, die von Naturschützern gebaut wurden und die Besucher am Rundweg sehen können. Geradezu wie ein Magnet wirken die wiedervernässten Wiesen im Frühling auf Wasser- und Wiesenvögel.
Nachdem die Kernbereiche der Meerbruchswiesen im Rahmen eines vom Naturpark Steinhuder Meer initiierten Bundesprojektes von den Landkreisen Hannover, Nienburg und Schaumburg aufgekauft worden waren, konnte das wichtige Ziel, die Wiedervernässung von mehreren hundert Hektar Wiesen zum Schutz unter anderem von Uferschnepfe, Bekassine und Brachvogel, nach langer Planung im Herbst 2000 umgesetzt werden. Schon im ersten Jahr rasteten mehr Zugvögel als in den Jahrzehnten zuvor in den Meerbruchswiesen und prompt siedelte sich ein Weißstorchpaar in Winzlar an, denn nasse Wiesen versprechen Frösche und damit ausreichend Nahrung.
Die Stauanlagen halten das Regenwasser auf den Wiesen zurück. Die Wiesen werden jedoch weiterhin von den Landwirten genutzt, denn die Naturschützer lassen das Wasser im späten Frühling ab, sodass sich die Grasnarbe erholen und das Gras bis Ende Juni ern-

Die gelb blühende Sumpfdotterblume und die Bekassine, ein gefährdeter Schnepfenvogel, sind zwei der Zielarten des Feuchtwiesenschutzes am Steinhuder Meer.

tereif werden kann. So helfen Naturschützer und Landwirte Hand in Hand, den bedrohten Tier- und Pflanzenarten eine Zukunft zu sichern.
Entlang der Wege sind aber auch Gewässer zu sehen, die als Naturschutzmaßnahmen angelegt wurden. Die ständig Wasser führenden Teiche, die kleinen flachen Tümpel und die großen, teilweise landwirtschaftlich mitgenutzten Blänken, die im Sommer meist austrocknen, bieten gerade wegen der unterschiedlichen Wasserführung und Struktur den verschiedensten Tieren und Pflanzen eine Heimat. Der Erfolg der Naturschutzmaßnahmen ist unüberhörbar. Am lautesten bemerkbar machen sich dabei die Teichfrösche, die ab April zu tausenden ein unglaubliches Konzert anstimmen. Aufmerksame Amphibienkenner hören aus dem Chor einzelne Seefrösche heraus, ganz selten auch die kleinen Wasserfrösche. Das Trillern der Kreuzkröten ist manchmal nur zu hören, wenn die Teichfrösche einmal mit ihrem Rufen verharren.
In den Meerbruchswiesen wird heute nur noch wenig gejagt. Hier soll ein störungsfreies Rückzugsgebiet entstehen. Die störungsintensive Jagd auf Vögel, wie Graugänse und Enten, ist in einem wertvollen Schutzgebiet wie diesem mit den Zielen des Artenschutzes auch nicht vereinbar. So dürfen Vögel heute nur noch in Teilbereichen geschossen werden. Die Jagd auf Fuchs, Reh und Wildschwein ist allerdings überall offen.
Um Störungen im Kerngebiet des Naturschutzgebietes zu reduzieren, wurde außerdem der alte Rundweg Ende der neunziger Jahre verlegt und unbedeutendere, kleinere Wege für den Besucherverkehr gesperrt. Mit Erfolg, denn die Zahl scheuer Vögel hat durch diese Maßnahmen stark zugenommen. Somit entwickeln sich

Wo im Moor oder in den Feuchtwiesen Wasserflächen entstehen, finden Moorfrösche wieder ideale Lebensbedingungen. Im zeitigen Frühjahr treffen sich dann die bläulich gefärbten Moorfroschmännchen an den Laichplätzen zum Rufduell.

Ein Bagger arbeitet für die Natur: In den Meerbruchswiesen wurden zahlreiche Kleingewässer für Amphibien und seltene Vögel angelegt.

Informationstafeln stellen die Tier- und Pflanzenwelt im Meerbruch vor.

So paradox es klingt, aber die abgestorbenen (hier unerwünschten) Birken zeigen, dass die Wiedervernässungsmaßnahmen auf den nicht abgetorften Bereichen im Toten Moor erfolgreich sind.

die Meerbruchswiesen zu einem wertvollen Refugium für Tiere und Pflanzen. Heute sind hier sogar Kraniche und Seeadler regelmäßig zu sehen. Das Projekt ist eine Erfolgsstory des Naturschutzes, an der jeder Besucher teilhaben kann.

Wasser für das Hochmoor

Ähnlich wie die Meerbruchswiesen westlich des Steinhuder Meeres leidet das Hochmoor auf der gegenüberliegenden Seite des Sees unter akutem Wassermangel. Entwässerung und die damit verbundene Degeneration weiter Moorbereiche, sowie der Torfabbau haben diesem in Deutschland immer seltener werdenden Lebensraum böse mitgespielt (siehe Kapitel „Von Moosjungfern, grundlosen Seen und Torfwüsten – Das Tote Moor"). Verschiedene Pflanzen- und Tierarten sind dadurch selten oder sogar ausgerottet worden.

Ein plakatives Beispiel für einen sicherlich unwiederbringlichen Verlust in unserer Fauna ist das Birkhuhn, das zuletzt Anfang der achtziger Jahre beobachtet wurde. Keine Frage, auch um eine Vielzahl anderer hochmoortypischer Lebewesen wie Schnabelried und Kreuzotter ist es nicht gut bestellt. Die offene Landschaft natürlicher Hochmoore werden wir hier am Steinhuder Meer nie wieder sehen.

Aber eine durchaus ansprechende Zahl von Pflanzen- und Tierarten kann noch gerettet werden. Naturschützer sind bemüht, als wichtigste Maßnahme die Entwässerungsgräben in diesem stark

Die durch Entkusselung und Wiedervernässung geschaffenen, offenen Hochmoorflächen sind Rückzugsgebiete für bedrohte Pflanzen und Tiere.

Ein Bagger verschließt Entwässerungsgräben, die das Hochmoor entwässern.

von Wasser geprägten Ökosystem zu verschließen oder aufzustauen. Parallel dazu werden die hochmooruntypischen Moorbirken, die dem Moor über die Verdunstung viel Wasser entziehen, in mühevoller Arbeit abgesägt. Die als „Entkusseln" bezeichnete Maßnahme hat zudem noch den Vorteil, dass die noch vorhandenen lichtliebenden Hochmoorpflanzen wie bestimmte Torfmoosarten oder Rosmarinheide wieder zu wachsen beginnen. Stellenweise zeigen die Maßnahmen erstaunliche Erfolge, vor allem dort, wo in der Vergangenheit nur kleinflächig abgetorft wurde. Wo Wasser und Licht die Hochmoorpflanzen wieder erreichen, beginnen sie sich sogar auszubreiten.

Da das Hochmoor viele Besitzer hat, stehen die Naturschützer häufig vor dem Problem, dass Flächen nicht renaturiert werden können, weil sich einige Grundstückseigentümer gegen die Naturschutzmaßnahmen sperren oder erst zögerlich ihre Einwilligung geben. Dabei wird leider allzu oft vergessen, dass die Artenvielfalt mit jedem Jahr dahinschwindet und stattdessen die Torfschicht von Kleinstorganismen abgebaut wird. Glücklicherweise sind die meisten der Grundstückseigentümer den erforderlichen Maßnahmen zum Hochmoorschutz gegenüber aufgeschlossen. Einige haben ihre Grundstücke sogar den Naturschutzinstitutionen übertragen.

Sportler nehmen Rücksicht: Die Winterbefahrensregelung

Nachdem die Zahl der auf dem Steinhuder Meer überwinternden Gastvögel vor allem in den achtziger und zu Beginn der neunziger Jahre aufgrund der massiven Störungen durch den Wassersport stark abgenommen hatte, kam die Bezirksregierung am 18. Oktober 1995 ihrer internationalen Verpflichtung nach. Sie schuf mit einer Änderung der „Verordnung zur Regelung des Gemeingebrauchs am Dümmer und Steinhuder Meer" die Grundlage für die heute gültige Befahrensregelung. So ist heute das Befahren der Wasserfläche mit Sportfahrzeugen zum Schutz der Wasservögel im hiesigen Feuchtgebiet internationaler Bedeutung Steinhuder Meer reglementiert. Surfer und andere Wassersportler müssen in der Zeit vom 1. November bis zum 31. März des folgenden Jahres am Steinhuder Meer auf ihr Hobby verzichten.

Die roten Bojen grenzen die Naturschutzgebiete wasserseitig ab. Die Wassersportler wissen so, dass hinter diesen Bojen die Brutgebiete der Vögel liegen und stören nicht. Rund fünf Prozent der Wasserfläche sind auf diese Weise geschützt.

Die Regelung hatte binnen weniger Jahre nach Erlass zu einem unerwarteten Erfolg geführt, denn die Rastzahlen der meist sehr scheuen Wasservögel haben sich vervielfacht. Die verständnisvollen Worte des DSV-Präsidenten, der die durch die Befahrensregelung auf heute sieben Monate begrenzte Segelsaison als tragbaren Kompromiss zwischen den Interessen von Natur und Sport bezeichnete, wurden bereits erwähnt (siehe Kapitel „Ein See, seine Menschen und ein bisschen Geschichte").

An schönen Sommertagen sind zahlreiche Segelboote unterwegs. Jährlich finden ca. 30 Regatten statt.

THEMEN **INFO**

Das Steinhuder Meer als Drehscheibe des Vogelzugs

Für tausende rastender und überwinternder Vögel, hier Graugänse, hat das Steinhuder Meer eine große Bedeutung. Aus diesem Grund ist es als „Feuchtgebiet internationaler Bedeutung" anerkannt worden.

Besonders in den Herbst- und Wintermonaten zieht das Steinhuder Meer zahlreiche Wasservogelarten in großer Zahl an. Mitarbeiter der Ökologischen Schutzstation Steinhuder Meer konnten bei einer Gastvogelzählung im Dezember 2001 etwa 30 000 Wasservögel zählen, die sich gleichzeitig auf der Wasserfläche aufhielten. Die Gäste kommen aus ihren Brutgebieten in Osteuropa, Skandinavien oder aus dem fernen Sibirien, um an Niedersachsens größtem See zu rasten oder zu überwintern.

Wenn wir die Vögel am Steinhuder Meer beobachten, haben einige von ihnen bereits einen mehrere tausend Kilometer weiten Flug hinter sich. Sie sind darauf angewiesen, innerhalb der Rastzeit bei uns ihre Fettreserven aufzufüllen. Dabei bleibt vor allem den Fischjägern wie dem kleinen Zwergsäger nur die kurze Tageszeit. Ständige Störungen können fatale Folgen für unsere Gäste haben, denn sie müssen für ihren langen Rückflug und die nächste Brutzeit gerüstet sein. Einen Eindruck über die Vorkommen einzelner Beispielarten in den Jahren 1994 bis 2001 gibt die folgende Übersicht. In Klammern ist der jeweilige Monat angegeben, in dem die Höchstzahlen festgestellt wurden.

Art	Höchstzahlen		
Haubentaucher	950 (August)	**Tafelente**	10 000 (Febr
Kormoran	1 600 (November)	**Reiherente**	670 (Okto
Höckerschwan	200 (Januar)	**Zwergsäger**	200 (Jan
Saatgans	250 (Februar)	**Gänsesäger**	1 600 (Jan
Blässgans	7 700 (Februar)	**Kiebitz**	2 500 (Okto
Graugans	1 400 (Dezember)	**Zwergstrandläufer**	100 (Septem
Pfeifente	7 000 (September)	**Kampfläufer**	130 (A
Krickente	1 450 (November)	**Bekassine**	110 (Septem
Stockente	10 000 (Dezember)	**Trauerseeschwalbe**	1 000 (
Löffelente	1 350 (September)	**Blässralle**	7 000 (Okto
		Fischadler	12 (Septem

Eine punktuelle Schlammentnahme ist aus naturschutzfachlicher Sicht akzeptabel, nur das Aufbringen auf Hochmoorflächen ist problematisch.

THEMEN **INFO**

Schlamm im See – ein Problem?

Die im Sommer freifallenden Schlammbänke in Deutschlands größtem Flach(!)see sind vor allem ein Problem für unsere Augen. Zweifellos haben die zahlreichen menschlichen Eingriffe das Schlammproblem verstärkt. Die Bildung von Schlamm wurde durch die Einleitung von Abwässern u.a. der Kläranlagen Bad Rehburg und Großenheidorn bis Mitte der siebziger Jahre hinein beschleunigt. Der dadurch hervorgerufene Eintrag von Phosphaten führte ab 1969 zu starken Algenblüten, deren Höhepunkt eine zwei Zentimeter dicke Algenschicht war, die von Mai bis November 1971 die gesamte Wasserfläche zwei Zentimeter hoch bedeckte. Neben den schweren ökologischen Folgen einer solchen Algenblüte können die Gifte, die von Blaualgen freigesetzt werden, bei Menschen zu gesundheitlichen Schäden führen.

Als ein weiterer verschlammungsfördernder Eingriff ist die Verwallung des Sees und des Meerbachs zu nennen. See und Bach können bei Hochwasser nicht mehr ausufern und den Schlamm wie früher auf den Wiesen ablagern, wo er von den Pflanzen als Dünger verarbeitet wurde. Neben diesen ganzen menschengemachten Faktoren ist es aber durchaus eine Tatsache, dass bei einem Flachsee eine durch Nährstoffanreicherung verursachte Schlammbildung natürlich ist. Quelle der Nährstoffe ist größtenteils die Atmosphäre, woran wiederum der Straßenverkehr nicht unwesentlich dran schuld ist. Der Eintrag durch die Landwirtschaft ist heute gering, insbesondere weil die meisten Wirtschaftswiesen im Meerbruch seit einigen Jahren nur noch extensiv genutzt und nicht mehr gedüngt werden (siehe Kapitel „Der Meerbruch mit den Meerbruchswiesen").

Bereits hunderttausende Mark wurden ausgegeben, um den Schlamm zwischen den Steganlagen wegzupumpen, denn hier, vor Wind und Wellen geschützt, setzt sich der Schlamm bevorzugt ab. Besonders fragwürdig war allerdings eine Entschlammungsmaßnahme dadurch geworden, dass der Schlamm auf Veranlassung der Bezirksregierung in ein Gebiet mit einer ausgesprochen artenreichen und heute selten gewordenen Hochmoorvegetation gepumpt wurde. Hochmoore sind nach dem Niedersächsischen Naturschutzgesetz streng geschützt, das betroffene wurde durch die Maßnahme jedoch völlig zerstört! Einen Beitrag zum Naturschutz, wie es einige der Nutzer gern proklamieren, liefert die Entschlammung nicht, denn die Tiere und Pflanzen am See kommen zweifellos ohne derartige Maßnahmen zurecht.

Den Mitmenschen, denen der Schlamm ein Dorn im Auge ist, mag es beruhigen, dass hohe Schlammauflagen im See schon früher die Menschen plagten, wie verschiedenen Literaturquellen aus dem achtzehnten und neunzehnten Jahrhundert bezeugen. Diese sind zusammengefasst bei Ochwadt (1967) nachzulesen.

Von A bis Z

Serviceteil/Adressen

Ihre Freizeit und ihre Urlaubszeit ist Ihnen sicher wichtig und kostbar. Als Hilfestellung für eine zeitsparende Planung haben wir im Folgenden einige Adressen zusammengestellt, die Ihnen verschiedene Möglichkeiten einer sinnvollen Freizeitgestaltung am Steinhuder Meer aufzeigen und/oder schlicht von praktischem Interesse sind. Wir möchten aber darauf hinweisen, dass sich Öffnungszeiten,Telefonnummern und selbst Adressen gelegentlich ändern. Aus diesem Grund können wir hinsichtlich der folgenden Aufstellung verständlicherweise keine Gewähr übernehmen.

Die wichtigsten Adressen und Anlaufstellen

Tourist-Info Steinhude/Verkehrsverein
Meerstraße 2
31515 Wunstorf
Tel. 0 50 33/9 50 10
Fax 0 50 33/95 01 20
Internet:
www.steinhudermeer.de/touristinfo.htm
E-Mail:
touristinfo.steinhude@steinhuder-meer.de
Öffnungszeiten: ganzjährig 9 - 12 Uhr, Mai bis September 9 - 17 Uhr, Sa 14 - 17 Uhr, So 14 - 16 Uhr

Tourist-Info Mardorf/Verkehrsverein
im „Haus des Gastes"
Aloys-Bunge-Platz
31535 Neustadt-Mardorf
Tel. 0 50 36/9 21 21
Fax 0 50 36/9 21 23
Internet: www.urlaub-in-mardorf.de
E-Mail: tourist-info-mardorf@t-online.de
Öffnungszeiten: Mai bis Oktober: Mo bis Fr 9 - 17 Uhr, Sa 10 - 14 Uhr, So 14 - 17 Uhr; November bis April: Mo bis Fr 9 - 14 Uhr

Ökologische Schutzstation Steinhuder Meer (ÖSSM e.V.)
Hagenburger Str. 16
31547 Rehburg-Loccum, OT Winzlar
Tel. 0 50 37/96 70
Internet: www.oessm.org
E-Mail: info@oessm.org
Öffnungszeiten: ganzjährig Di bis Fr von 9 - 16 Uhr, Ostern bis Herbstferien auch am Wochenende von 11 - 17 Uhr

Naturpark Steinhuder Meer Infozentrum Steinhude
Am Graben 4-6 (Scheunenviertel)
31515 Wunstorf-Steinhude
Tel. 0 50 33/9 39 - 1 34
Fax 0 50 33/9 39 -1 35
Internet: www.naturpark-steinhuder.meer.de
E-Mail: info@naturpark-steinhuder-meer.de
Öffnungszeiten: Mai bis Oktober:
Di bis So 10 - 13 Uhr und 14 - 18 Uhr,
November bis März: 11 - 13 Uhr, 14 - 17 Uhr

Informationsstelle Mardorf
Aloys-Bunge-Platz
31535 Neustadt-Mardorf
Tel. 05 36/8 89
Öffnungszeiten:
wechselnd

Behindertendienst

Johanniter-Unfall-Hilfe
Mühlenkampstr. 1 • 31515 Wunstorf
Tel. 0 50 31/20 25

Sozialstation Wunstorf
Mühlenkampstr. 1 • 31515 Wunstorf
Tel. 0 50 31/38 99

Rollstuhlverleih: Sanitätshaus Schubert
Nordstr. 11 • 31515 Wunstorf • Tel. 0 50 31/9 50 10

Bootsverbindungen

Vom 1. April bis 31. Oktober zwischen den Orten am Steinhuder Meer und zur Insel Wilhelmstein, auch nach Bedarf. Teilweise mit Seemannsgarn z. B über Kormorane, deren Hunger sich fast jährlich verdoppelt.

Steinhuder Personenschifffahrt
Alter Winkel 16 • 31515 Steinhude
Tel. 0 50 33/17 21 • Fax 0 50 33/34 94
Rundfahrten mit einem Fahrgastschiff ab Anleger Strandterassen Steinhude (auch Bootsringlinie). Fahrten mit den „Auswanderern" ab Anleger „Alter Winkel" (Mindestteilnehmerzahl acht Personen).

Bootsverleih

Tret-, Ruder-, Elektro- und Segelboote kann man in der Regel von März bis Oktober in Steinhude und Mardorf leihen.

➤ STEINHUDE

Fun & Wave P. Linnekuhl (Segelboote)
Uferstr. 23 • 31515 Steinhude • Tel. 0 50 33/22 88
Windwärts (Segelboote)
Bleichenstr. 49 • 31515 Steinhude • Tel. 0 50 33/29 39

Dobel (Tret- und E-Boote)
Alter Winkel 12 • 31515 Steinhude
Tel. 0 50 33/80 45

Pohl (Tret- und E-Boote)
Alter Winkel 2 • 31515 Steinhude
Tel. 0 50 33/29 19

Wesemann (Tret- und E-Boote)
Neuer Winkel 1 • 31515 Steinhude
Tel. 0 50 33/34 03

➤ MARDORF

Bootsverleih Kielhorn
Weidenbruchsweg (am Restaurant Akti)
31535 Mardorf • Tel. 0 50 37/12 98

Bootsverleih Mardorf
Warteweg • 31535 Mardorf • Tel. 0 50 36/26 62

Bootsverleih Rintelmann
Badestrand Weiße Düne • 31535 Mardorf
Tel. 0 50 36/22 31

Segelschule Mardorf am Café Inselblick
Steg N36 • 31535 Mardorf • Tel. 0 50 36/ 24 68

Für Segelboote ist der Sportbootführerschein oder der A-Schein erforderlich. Die Reihen aus roten Bojen grenzen unter anderem die Naturschutzgebiete ab und dürfen nicht überfahren werden. Vom 1. November bis zum 31. März ist das Befahren der Wasserfläche aus Naturschutzgründen verboten. Aus Sicherheitsgründen gibt es ein Nachtfahrverbot, d. h., dass Boote eine Stunde nach Sonnenuntergang bis eine Stunde vor Sonnenaufgang an den Anlegern liegen müssen.
Aktuelle Informationen über Gastliegeplätze erteilen die Tourist-Infos.
Slip-Anlagen finden sich in Steinhude

(Tel. 0 50 33/17 21) und Mardorf am Holunderweg (Tel. 0 50 36/24 95).

Bootszubehör

Wassersport Büsselberg
An der Schanze 14-16 • 31515 Steinhude
Tel. 0 50 33/52 03

Bootszubehör Horstmann
Mardorfer Str. 14 • 31535 Mardorf • Tel. 0 50 36/22 06

F.S.A.
Meerstraße 117 • 31535 Mardorf • Tel. 0 50 36/9 20 80

Rintelmann
Mardorfer Str. 13 • 31535 Mardorf
Tel. 0 50 36/22 31

Bücherei

Bücherei Steinhude
Unter den Hestern 3 (Grundschule)
31515 Steinhude
Öffnungszeiten: Mi 15 bis 18 Uhr

Stadtbücherei Wunstorf
Wasserzucht 1 (Abtei) • 31515 Wunstorf
Tel. 0 50 31/9 41 78-11 • Öffnungszeiten:
Mo, Di 15 - 18 Uhr, Do 15 - 19 Uhr, Fr 10 - 12 Uhr

Stadtbibliothek Neustadt
Schlossstr. 1 • Tel. 0 50 32/93 97 19
Öffnungszeiten: Mo 10 - 18 Uhr, Di und
Fr 10 - 16 Uhr, Do 10 - 19 Uhr

Busverbindungen

Auskunft:
Regio Bus • Tel. 0 50 31/17 55 u. 0 50 32/80 99
Internet: www.regiobus.de

Camping/Wohnmobile

In Mardorf gibt es fünf Campingplätze, einen weiteren in Münchehagen.

Camping Nordufer
Tel. 0 50 36/23 61

Camping Niemeyer
Tel. 0 50 36/5 30

Camping Mardorf & Seelord
Tel. 0 50 36/5 29

Camping am Meer / Fischerstübchen
Tel. 0 50 36/3 80

Camping Bannsee
etwa 2 km nördlich des Sees, Tel. 0 50 36/98 84 77

Camping Erlengrund
Münchehagen, Tel. 0 50 37/22 70

Wohnmobile können auf dem Wohnmobilparkplatz am Bruchdamm in Steinhude, Ortsausfahrt in Richtung Altenhagen, abgestellt werden (Ver- und Entsorgungsstation vorhanden) - Tel. 01 72/8 09 54 97. Ein neuer kleiner Wohnmobilstellplatz befindet sich in Neustadt, direkt am Freibad.

Fahrradverleih

Verschiedene Verleiher in Steinhude und Mardorf.

➤ STEINHUDE

Verkehrsverein Steinhude
Minigolfplatz, Lütjen Deile • 31515 Steinhude
Während der Saison tägl. geöffnet
von 10 - 19 Uhr • Tel. 0 50 33/55 12

Herbstliche Morgenstimmung im Meerbruch.

Fahrradverleih Haus Ottenlock
Ottenloch 8 • 31515 Steinhude
Tel. 0 50 33/15 41

Zweiradcenter (auch Reparaturen)
Braustr. 5 • 31515 Steinhude
Tel. 0 50 33/53 26

➤ MARDORF

Fahrradverleih Gödeker
Alte Lindenstr. 7a • 31535 Mardorf
Tel. 0 50 36/21 21

Windsurfing Steinhuder Meer
Kiefernweg 20 • 31535 Mardorf
Tel. 0 50 36/29 24

Feste und Feiern

Fischer-Kreidage in Steinhude, jährlich wechselnder Termin im Sommer.
Festliches Wochenende mit Steinhuder Meer in Flammen, Steinhude, jährlich wechselnder Termin im Sommer.
Hoffest in der Ökologischen Schutzstation Steinhuder Meer, Rehburg-Loccum, Ortsteil Winzlar, jährlich wechselnder Termin im Sommer.
Die jährlich wechselnden Termine sind bei den Tourist-Infos zu erfragen. Außerdem geben die Internetseiten Auskunft.

Fundbüros

Tourist-Info Steinhude s. Kapitelbeginn
Tourist-Info Mardorf s. Kapitelbeginn

Gemeindeverwaltung Hagenburg
Schlossstr. 3 • 31558 Hagenburg
Tel. 0 50 33/9 60 36

Rathaus Rehburg-Loccum
Heidtorstr. 2 • 31547 Rehburg-Loccum
Tel. 0 50 37/9 70 10

Führungen

Aktuelle Informationen über Stadtführungen durch Neustadt, Wunstorf und Steinhude sind über die Tourist-Infos in Steinhude und Mardorf zu erhalten (Tel. siehe oben).
Naturkundliche Führungen, beispielsweise in das Tote Moor oder in die Meerbruchswiesen, oder aber auch Fledermausexkursionen werden von der Ökologischen Schutzstation Steinhuder Meer e.V. und dem Naturpark angeboten (Tel. siehe Kapitelbeginn).
Führungen und Informationen speziell zu geschichtlichen Themen bietet der Arbeitskreis Regionalgeschichte e.V. auf Anfrage an:

Arbeitskreis Regionalgeschichte
Im Dorn 7 • 31535 Neustadt
Tel. 0 50 32/6 17 05
Internet: home.t-online.de/home/ak.reg

Regionales Umweltbildungszentrum Steinhuder Meer
Angebote für Schulklassen können über die Öko-

logische Schutzstation Steinhuder Meer e.V. (Tel. siehe Kapitelbeginn) erfragt werden.

Galerien

Wechselnde Ausstellungen im Steinhude /Scheunenviertel (genauere Informationen über die Tourist-Info Steinhude). Außerdem:

Galerie Schlehn

Meerstraße 9-11 • 31515 Steinhude
Tel./Fax 0 50 32/6 46 01
Öffnungszeiten: Di bis So 14 - 18 Uhr

Gaststätten, Restaurants, Cafés

In Steinhude und Mardorf gibt es zahlreiche Restaurants und Cafés, z. T. auch direkt am Rundweg bzw. an den Promenaden. Viele sind außerhalb der Saison geschlossen. Weitere Gaststätten befinden sich in Hagenburg, Winzlar und Rehburg. Ein Verzeichnis der Gaststätten mit den Öffnungszeiten ist bei den Tourist-Infos erhältlich.

Grillen

Grillplatz in Steinhude

80 Plätze • Verkehrsverein Steinhude
Am Minigolfplatz, Lütjen Deile
Buchung über Tel. 0 50 33/55 12

Grillanlage Mardorf

im Grillspeicher • 30 Plätze
Aloys-Bunge-Platz im Dorfzentrum
Buchung über Tourist-Info
Tel. 0 50 36/9 21 21

Grillstelle im Schützenpark

100 Plätze • Buchung über Tel. 0 50 36/6 26

Grillplatz Hagenburg

60 Plätze • Buchung über Tel. 0 50 33/6 91 03

Hotels, Pensionen, Appartements

Ein aktuelles Gastgeberverzeichnis der Hotels, Pensionen und Appartements rund ums Steinhuder Meer bekommt man bei den Tourist-Infos (siehe Kapitelanfang).

Internetseiten

Internetseiten gibt es viele zur Region. Sie sind meist untereinander verlinkt. Hier die wichtigsten:
www.geolife.de/steinhude
www.mardorf.de
www.naturpark-steinhuder-meer.de
www.neustadt-a-rbge.de
www.neustaedter-land.de
www.oessm.org
www.rehburg-loccum.de
www.steinhude-am-meer.de
www.steinhuder-meer.de
www.urlaub-am-steinhuder-meer.de
www.urlaub-in-mardorf.de
www.wunstorf.de

Jugendherberge

DJH - Mardorf

Warteweg 2 • 31535 Neustadt/Mardorf
Tel. 0 50 36/4 57 • Fax 0 50 36/15 54

Kinder

Ferienprogramme für Kinder werden von den Tourist-Stellen in Steinhude und Mardorf angeboten (Tel. s. Kapitelbeginn).
Naturkundliche Führungen und Ferienspaßaktionen für Kinder, z. B. Wanderungen und Naturerlebnistage, bietet die Ökologische Schutzstation Steinhuder Meer an (Anschrift am Beginn des Kapitels).

Leseräume

Verkehrsbüro Steinhude
Meerstr. 2, unterhalb der Strandterassen
31515 Steinhude
Geöffnet während der Öffnungszeiten der Tourist-Info (s.o.)

Haus des Gastes in Mardorf
im selben Gebäude wie die Tourist-Info (s.o.)
Aloys-Bunge-Platz • 31535 Mardorf
Geöffnet während der Öffnungszeiten der Tourist-Info (s.o.)

Märkte

In Rehburg finden regelmäßig ökologische Märkte statt - in der Regel am zweiten Samstag im April sowie am ersten Samstag im September und Oktober.
In Mardorf gibt es den Bauernmarkt - immer mittwochs von 9 - 13 Uhr im Juli und August.
Der Trödelmarkt in Mardorf findet von April bis Oktober immer am zweiten Samstag eines Monats statt.
Der Kunsthandwerkermarkt in Mardorf findet zweimal jährlich statt (Himmelfahrt und am 3. Oktober).
Außerdem gibt es Wochenmärkte in Loccum, Mardorf, Neustadt, Steinhude und Wunstorf - aktuelle Informationen über die Tourist-Infos und der Internetseite www.steinhuder-meer.de.

Beliebtes Ausflugsziel: die Insel Wilhelmstein.

Museen

➤ STEINHUDE

Festung Wilhelmstein
Tel. 0 50 33/14 36, Öffnungszeiten:
1. April bis 15. Oktober von 9 - 18 Uhr.
Fahrten zur Insel werden von der Nord- und Südseite aus angeboten. Die Auswanderer bieten einen sog. „Taxibootverkehr" an. Fahrten können über Tel. 0 50 33/17 21 bestellt werden.

Fischer- und Webermuseum
Neuer Winkel 8 • 31515 Steinhude
Tel. 0 50 33/55 99
Internet:
www.steinhuder-meer.de/fischermuseum
Öffnungszeiten: März, April und November an Wochenenden und Feiertagen von 13 - 17 Uhr, Mai bis Oktober Di bis So von 13 - 17 Uhr, außerdem für Gruppen nach Vereinbarung

Insektenmuseum Steinhude: „Insects World"
Am Knick 5 • 31515 Steinhude
Tel. 0 50 33/93 94 51
Internet: www.insektenmuseum.de
Öffnungszeiten: April bis November, täglich 10 - 18 Uhr

Steinhuder Spielzeugmuseum
Meerstraße 15 • 31515 Steinhude
Tel. 0 50 33/55 99
Öffnungszeiten: täglich von 13 - 17 Uhr

➤ MARDORF

Heimatmuseum Mardorf
Tourist-Info Mardorf • Aloys-Bunge-Platz
31535 Mardorf • Tel. 0 50 36/9 21 21
Öffnungszeiten: So von 10 - 12 Uhr (Mai bis Oktober) und nach Vereinbarung

➤ REHBURG-LOCCUM

Heimatmuseum Rehburg
Auf der Bleiche, Marktplatz • 31698 Rehburg-Loccum • Tel. 0 50 37/24 23
Öffnungszeiten: So 15 - 18 Uhr (Mai bis Okt.) und nach Vereinbarung

Dinopark in Münchehagen
Alte Zollstraße 5 • 31547 Rehburg-Loccum
OT Münchehagen (an der B 441)
Tel. 0 50 37/20 75 • Fax 0 50 37/57 39
Internet: www.dinopark.de
Öffnungszeiten: 9 - 19 Uhr (März bis Oktober), Januar, Februar und November 10 - 16.30 Uhr

➤ HAGENBURG

Bergbau Museumsstube
Schachtstr. 9 • 31558 Hagenburg, OT Altenhagen
Tel. 0 50 33/72 45 oder 72 74
Öffnungszeiten: Anfang Mai bis Ende September: Sa 10 - 17 Uhr, So 10 - 18 Uhr und nach Absprache

➤ WUNSTORF

JU-52-Museum
Fliegerhorst Wunstorf • 31515 Wunstorf
Tel. 0 50 31/50 47
Öffnungszeiten: April bis November:
Do, Sa, So, Feiertage von 10 - 16 Uhr

➤ NEUSTADT

Museum für Stadtgeschichte in Neustadt
Stadtmitte neben der Liebfrauenkirche
An der Liebfrauenkirche 7 • 31535 Neustadt
Tel. 0 50 32/ 9 43 18
Öffnungszeiten:
Di, Do, So 15 - 18, Fr 10 - 12 Uhr und
nach Vereinbarung

Hufschmiedemuseum Frehrking Heimatverein Helstorf e. V.
Walsroder Str. 16 • 31535 Neustadt, OT Helstorf
Tel. 0 50 72/15 75
Öffnungszeiten: März bis Oktober, jeden dritten Sonntag im Monat von 10 - 17 Uhr

Torfmuseum Neustadt im Schloss Landestrost
Schloßstraße 1 • 31535 Neustadt
Tel. 0 50 32/89 91 56
Öffnungszeiten: Di, Sa, So von 14 - 17 Uhr und Mi, Do, Fr von 10 - 12 Uhr, Führungen nach Voranmeldung

Musik

Live-Musik und Konzerte finden an unterschiedlichen Orten statt. Aktuelle Informationen und Programme sind über die Tourist-Infostellen und unter der Internetadresse www.steinhuder-meer.de zu bekommen.

Natur- und Umweltschutz

Ökologische Schutzstation Steinhuder Meer
Anschrift s. Kapitelbeginn

Naturpark Steinhuder Meer
Ausstellung, Information im Scheunenviertel Steinhude • Anschrift s. Kapitelbeginn

Exkursionen in die Natur gehören zu den beliebtesten Freizeitaktivitäten am Steinhuder Meer.

Naturschutzstation Steinhuder Meer
Bezirksregierung Hannover • Hagenburger Str. 16
31547 Rehburg-Loccum, OT Winzlar
Tel. 0 50 37/55 33 • Fax 0 50 37/56 73

Auffangstation für verletzte Vögel
Wildtier- und Artenschutzstation Sachsenhagen
(Vogelpflegestation Gut Düendorf e. V.)
Hohe Warte • 31553 Sachsenhagen
Tel. 0 57 25/70 87 30 • Fax 0 57 25/70 87 40
Internet: www. vogelpflegestation.de

Polizei

Polizeistation Steinhude
Leinenweberstr. 18 • 31515 Steinhude
Tel. 0 50 33/52 89

Wasserschutzpolizei
Station Steinhude • Leinenweberstr. 18
31515 Steinhude • Tel. 0 50 33/52 89

Sehenswürdigkeiten (siehe auch Museen)

➤ STEINHUDE

Scheunenviertel
Ansprechpartner:
Tourist-Information Steinhude
Meerstr. 2 • 31515 Wunstorf-Steinhude
Tel.: 0 50 33/9 50 10 • Internet:
www.scheunenviertel-steinhude.de

Aalräuchereien
Es gibt zahlreiche Aalräuchereien in Steinhude, weitere in Mardorf und Winzlar.
Einige gewähren auch einen Blick hinter die Kulissen. Einfach nachfragen.

Windmühle
An der Windmühle • 31515 Wunstorf-Steinhude

In Steinhude, Mardorf und Winzlar sind zahlreiche Fischspezialitäten zu bekommen.

Tel.: 0 50 33/52 03 • Öffnungszeiten:
Während der Saison Fr 15 - 18 Uhr und
Sa 9 - 12 Uhr

➤ MARDORF

Kapelle (Ortsmitte an der L 360)
Tel. 0 50 36/5 66 (Pfarramt Schneeren)
Internet: www.kirche-neustadt-wunstorf.de/mardorf.htm • Öffnungszeiten: von Ostern bis Erntedankfest täglich von 9 - 17 Uhr

➤ HAGENBURG

Findlingsgarten
Steinhuder-Meer-Straße
Öffnungszeiten: frei zugänglich

Moorgarten
über die Steinhuder-Meer-Straße oder Schlossstraße zu erreichen
Öffnungszeiten: frei zugänglich

Schloss mit Park
Schlossstraße • Öffnungszeiten: keine, nur von außen zu besichtigen

Wildtier- und Artenschutzstation Sachsenhagen
s. Natur- und Umweltschutz

Ein beschaulicher Ort in Loccum: das Zisterzienserkloster.

➤ REHBURG-LOCCUM

Kloster Loccum
Klosterbüro: Im Kloster 2
31547 Rehburg-Loccum • Tel. 0 57 66/9 60 20
www.kloster-loccum.de
www.evlka.de/extern/loccum/kloster/
Dinopark Münchehagen s. Museen

➤ WUNSTORF

Stiftskirche
Stiftsstraße • 31525 Wunstorf

Abtei in der Altstadt
Wasserzucht • 31515 Wunstorf

Romanische Kirche in Idensen
An der Sigwardskirche • 31515 Wunstorf-Idensen

Die romanische Sigwardskirche in Idensen mit dem Storchennest.

Das Schloss Landestrost in Neustadt wurde von 1573 bis 1584 im Stil der Weserrenaissance erbaut.

➤ NEUSTADT

Schloss Landestrost
Schlossstr. 1 • 31535 Neustadt a. Rbge.
Tel. 0 50 32/89 91 56
Internet: www.neustadt-forum.de/schloss/
Die Ausstellung zu Erich II. und zur Geschichte des Schlosses ist geöffnet von Mi bis Fr jeweils 10 - 12 Uhr und Di, Sa und So von 14 - 17 Uhr

Kloster Mariensee
Höltystr. 1 • 31535 Neustadt a. Rbge.,
OT Mariensee • Tel. 0 50 34/47 77
Internet:
www.neustadt-rbge.de/mariensee/index.htm
Öffnungszeiten: von Mitte April bis Mitte Oktober jeweils Mi, Fr, Sa, So von 15 - 18 Uhr sowie Sa von 10 - 12 Uhr

Das Kloster Mariensee wurde um 1200 von Zisterziensern gebaut.

Idylle am rauschenden Bach: die Laderholzer Wassermühle

Bockwindmühle Dudensen
In den Speckwiesen • 31535 Neustadt, OT Dudensen • Tel. 0 50 34/40 62
Öffnungszeiten: jeden letzten Sonntag im Monat von 11 - 17 Uhr (April bis Sept.) und nach telefonischer Vereinbarung

Freilichtbühne Otternhagen
An der Waldbühne • 31535 Neustadt, OT Otternhagen
Tel. 0 50 32/93 99 03
Internet: www.kulturkaleidoskop.de/waldbuehne.htm

Wassermühle Laderholz
An der Alpe, 31535 Neustadt, OT Laderholz
Tel. 0 50 74/13 78
Internet: www.wassermuehle-laderholz.de
Öffnungszeiten: von Mai/Juni bis September/Oktober jeweils sonntags von 14 - 17 Uhr und nach telefonischer Vereinbarung

Sport- und Freizeitmöglichkeiten

Baden und Schwimmen
Strände:
Familienfreundliche Badestrände gibt es am Steinhuder Meer in Steinhude auf der Badeinsel und in Mardorf an der Weißen Düne. Die Badestrände sind unbeaufsichtigt.

Hallenbäder:
Neustadt
Lindenstr. 54 • Tel. 0 50 32/6 33 58

Die Landschaft am Steinhuder Meer lädt zu sportlichen Aktivitäten ein.

Rehburg Loccum
Auf der Bleiche 9 • Tel. 0 50 37/34 14

Hagenburg
Steinhuder-Meer-Str. • Tel. 0 50 33/71 51

Münchehagen
hat ein Freizeitbad mit einer 100 Meter langen Riesenrutsche und Matschspielzone
Am Schacht 4 • Tel. 0 50 37/52 58

Golf

Golfpark Mardorf
Vor der Mühle 10a • 31535 Neustadt a. Rbge., OT Mardorf • Tel. 0 50 36/27 78

Golfclub Rehburg-Loccum
Postfach 11 63 • 31547 Rehburg-Loccum
Tel. 0 57 66/9 30 17

Minigolf

Lütjen Deile
31515 Wunstorf, OT Steinhude • Tel. 0 50 33/55 12

Camping Nordufer
Pferdeweg 15 • 31535 Neustadt, OT Mardorf
Tel. 0 50 36/23 61

Radfahren

Der Rundweg um das Steinhuder Meer ist etwa 30 Kilometer lang.
Weitere Rad- und Wanderwege sind in diesem Reiseführer beschrieben.
Radwanderwege findet man auch in dem Buch „Wo's Dörflein traut zu Ende geht... Radwandern in der Region um das Steinhuder Meer" von H. Brieden et al. (siehe Kapitel „Bücher aus der Region und zum Thema").

Reiten

Es gibt am Steinhuder Meer mehrere Möglichkeiten, sich Pferde zu leihen oder Pferde einzustellen. Aktuelle Informationen sind über die Tourist-Infos erhältlich. Es darf nicht auf allen Wegen geritten werden.

Islandpferdehof am Steinhuder Meer

Rehburger Str. 40 • 31535 Neustadt, OT Mardorf
Tel. 01 71/7 33 02 67 oder 01 72/5 17 98 60
Internet:
www.islandpferdehof-steinhuder-meer.de

Hof Struckmann

Auf dem Mummrian 28 • 31535 Neustadt,
OT Mardorf • Tel. 0 50 36/6 14
Internet: www.hof-struckmann.de

Segeln

Am Steinhuder Meer gibt es zahlreiche Segelclubs und auch Segelschulen.
In Steinhude und Mardorf sind Kran- und Slipanlagen für Jollen und Boote bis 7 Meter Länge vorhanden.
Für Segelboote ist der Sportbootführerschein oder der A-Schein erforderlich.

Segelschulen:
Sportbootschule Mardorf

Steg N21 • Tel. 0 50 27/90 21 70

Segelschule Mardorf-Nord

Steg N43 • Tel. 05 11/88 49 40

Yachtschule Mardorf

Steg N36 • Tel. 0 50 37/24 68

Segelschule Wellenbrecher

Steg N3 • Tel. 0 50 36/98 81 59

Wassersportschule Windwärts

Steg N6 • Tel. 0 50 33/29 39

Bootsverleih

s. o.

Skateboard

Eine Halfpipe befindet sich in Hagenburg direkt neben dem Findlingsgarten an der Steinhuder-Meer-Straße (s. Sehenwürdigkeiten).

Surfen

Surfschulen und Surfshops gibt es in Mardorf.
Ein spezieller Surfstrand liegt in Mardorf am Kiefernweg (Ortskern in Richtung Neustadt). Bojen kennzeichnen hier auch einen Flachwasserbereich für Surfer ohne Schein.
Die Befahrensregelung gilt auch für Surfer, d. h., das Steinhuder Meer darf nur in der Zeit vom 1. April bis zum 31. Oktober befahren werden. Außerhalb der Badesaison ist es erlaubt, Surfbretter auf der Badeinsel in Steinhude einzusetzen.
Kite-Surfen ist nur in einem abgegrenzten Bereich am Surfstrand in Mardorf möglich.

In einem abgetrennten Flachwasserbereich am Kiefernweg in Mardorf darf auch ohne Surfschein gesurft werden.

Surfschulen, Surfverleih und Surfshops:

Surfer's Paradise
Ladenstr. 19 • 31535 Neustadt, OT Mardorf
(Surfstrand Weißer Berg)
Tel. 0 50 36/98 81 19
Internet:
www.steinhuder-meer.de/surfers-paradise

Surfshop Steinhuder Meer
Kiefernweg 20
31535 Neustadt, OT Mardorf (Weißer Berg)
Tel. 0 50 36/29 24
Internet: www.surfshop-steinhuder-meer.de

Paddeltouren (Leine und Aller)

Wasserwander-Service S. Bibow
Hagener Str. 34 • 31535 Neustadt
Tel. 0 50 34/40 42
Internet: www.paddeltour.de

Tennis

Mardorfer Tennis Club e.V.
Hinter dem Lindenberg 5
31535 Neustadt • Tel. 0 50 36/5 17
Internet: www.mardorf-tennis.de

Tennis und Golf Club Steinhude e.V.
An der Trift • 31515 Steinhude • Tel. 0 50 33/12 50

Wandern

Der Rundweg um das Steinhuder Meer ist etwa 30 Kilometer lang.
Weitere Rad- und Wanderwege sind in diesem Reiseführer beschrieben.
Wanderkarten gibt es in den Tourist Infos, im Fachhandel, in der Ökologischen Schutzstation Steinhuder Meer in Winzlar sowie in den Naturpark Infostellen in Mardorf und Steinhude.

Auch nach der Badesaison lädt der Mardorfer Strand zum Verweilen ein.

Bücher

aus der Region und zum Thema

Brieden, H. (1999):
Totes Moor. Kriminalroman.
Verlag Region und Geschichte, Neustadt.

Brieden, H., H. Dettinger, D. Herrmann,
M. Hirschfeld & A. Peters (1996):
Wo's Dörflein traut zu Ende geht ...
Radwandern in der Region um das Steinhuder Meer.
Verlag Region und Geschichte, Neustadt.

Brieden, H., H. Dettinger, D. Herrmann,
H. Kister & M. Richter (2001).:
Menschen im Toten Moor -
Natur- und Sozialgeschichte
des Sumpfes am Steinhuder Meer.
Verlag Region und Geschichte, Neustadt.

Diersche, R. (1999):
Steinhude... bevor die Fremden kamen.
Eigenverlag, Steinhude.

Diersche, R. (1999):
Verkehr auf dem Wasser,
Luft-, Land- und Wasserfahrzeuge.
Eigenverlag, Steinhude.

Diersche, R. (2000):
Steinhude von 1300 bis 2000.
Eigenverlag, Steinhude.

Diersche, R. & H. Rohrssen (1993):
Steinhude am Meer, Teil 1 und 2.
Eigenverlag, Steinhude.

Fesche, K. (1998):
Auf zum Steinhuder Meer -
Geschichte des Tourismus am
größten Binnensee Niedersachsens.
Verlag für Regionalgeschichte, Bielefeld.

Kohl, Johann Georg (1990):
Reisen durch das weite Land - Nordwestdeutsche Skizzen 1864.
K. Thienemanns Verlag, Stuttgart/Wien.

LGN (2000):
Hannover und Umgebung (30)
Amtliche Radwanderkarte, Maßstab 1:75 000
LGN, Hannover.

LGN (2000).
Naturpark Steinhuder Meer (F2)
Offizielle Wanderkarte des Naturparks, Maßstab 1:40 000
LGN, Hannover.

LGN (2000):
Nienburg (17)
Amtliche Radwanderkarte, Maßstab 1:75 000
LGN, Hannover.

Ochwadt, C. (1967):
Das Steinhuder Meer.
Charis Verlag, Hannover.

Schaumburger Landschaft, (Hrsg.), (2000):
Kulturpfad Schaumburg: Ein Reiseführer durch das Schaumburger Land.
Landbuch Verlag, Hannover

Weißköppel, P. (1975):
Die Vogelwelt am Steinhuder Meer und in seiner weiteren Umgebung.
Eigenverlag, Wunstorf.

Faltblätter und Broschüren
zu unterschiedlichen Sachgebieten sind in der Ökologischen Schutzstation Steinhuder Meer in Winzlar, in den Naturpark-Infostellen Steinhude und Mardorf oder den Touristinfos Mardorf und Steinhude erhältlich.

▶ab S. 102
▶ab S. 106
▶ab S. 14
Mardorf
Vehrenheide
Rehburg
▶ab S. 52
Meerbruchs-
wiesen
Steinhuder Meerbach
▶ab S. 14
▶ab S. 37
Wilhelmstein
▶ab S. 52
▶ab S. 14
Winzlar
Meerbruch
▶S. 73
▶ab S. 52
Buschmanns Landwehr
Hagenburg
Flecken
Schloß
Bad Rehburg
Ökologische Schutzstation Steinhuder Meer/ Naturschutzstation
▶ab S. 119
Wiedenbrügge
B 441
▶S. 7
Hespenberg
Kreuzholzmoorgraben
Buch-
holz
Kreuz-
holz
Schäfergraben
Südbach
Grenzgraben
Landwehr
Wölpinghauser Berg
Wilhelmsturm
Wiedenbrügger Heide
Hagenburger Holz
Schmalenbruch
Windhorn
Algeberg
Düdinghausen
Wölping-
hausen
Bergkirchen
L 360
L 370
K 347
K 10
K 36
K 38
K 37
L 453

Rundweg um das Steinhuder Meer (ca. 30 km Länge)
Interessante Wanderwege für Naturbeobachter
Punkte mit guten Naturbeobachtungsmöglichkeiten
Naturpark-Infostellen
Turm/Beobachtungshütte
Tourist Info
günstige Exkursionsausgangsorte mit Parkmöglichkeiten
Bademöglichkeiten
0 km
1 km
2 km
GeoLife.de ...das Freizeitportal powered by LGN
Totes Moor
ab S. 75
ab S. 37
ab S. 116
NEUSTADT
Neue Moorhütte
Grundlose See
Vogeldamm
Neustädter Moor
Wunstorfer Damm
Kleinheidorner Damm
Wunstorfer Moor
Moordorf
Strand
Flügelhorst
Ostenmeer
Hohe Holz
Am Flugplatz
Badeinsel
Steinhude
S. 37
Großenheidorn
ab S. 12
ab S. 11
Klein Heidorn
Stiefelholz
An der Trift
Hohenholz
Pargeskamp
ab S. 10
nur Güterverkehr
Bad
Tienberg
Bokeloh
WUNSTORF
Mesmerode
ab S. 125
B 441
B 442
K 332
K 336
K 331
K 334
K 346
K 329
K 323

Register

Die kursiv gedruckten Seitenzahlen verweisen auf Abbildungen, die fett gedruckten auf ausführliche Beschreibungen.

Die bunte Löffelente, hier der Erpel, rastet in großer Zahl am Steinhuder Meer. Der See ist als Rastplatz für diese Art international bedeutsam.